ファシリテーターになろう！

6つの技術と10のアクティビティ

ちょんせいこ 著
西村善美・松井一恵

解放出版社

はじめに

　みなさん、こんにちは。本書を手にとっていただき、ありがとうございます。私たちは「ファシリテーターになろう！」を合言葉に、ファシリテーターの養成を仕事にしています。

　ファシリテーターは、人の集まる場に豊かな対話を育んで、学び合う関係を構築します。そのことが、研修や交流会の効果を高めます。参加者一人ひとりのもつ個性や多様性を活かしながら、共通のゴールに向かう道をつくるので、対話しているうちにチームワークが高まり、元気になります。相互理解や課題解決も進みます。

　本書は、2013年に開催した「ファシリテーター型研修講師養成講座〜初級編」で活用したテキストを加筆修正した「ファシリテーターの入門書」です。2時間程度の研修や交流会の効果的な進行をめざしています。

　ファシリテーションは技術です。だから練習すれば、みんながファシリテーターになれます。初めての人も愚直に練習を続けているとドンドン上手になります。ファシリテーターをめざして、私たちと一緒に練習を始めましょう。

　　2014年1月16日　　　　　　　　　　　　　ちょんせいこ　西村善美　松井一恵

ファシリテーターになろう！──6つの技術と10のアクティビティ…目次

はじめに　3

出会いとつながり、そして結果を大切にする学びの技術　　ちょんせいこ　7
ファシリテーターになると講師や進行役がとてもラクになる　西村善美　8
大事なことが伝わる学び　ファシリテーター型講師の可能性　松井一恵　9
用語解説　10

❶ ファシリテーション6つの技術 …………………………… 11

1　インストラクション（説明）　12
2　クエスチョン（質問）　14
3　アセスメント（分析、翻訳、評価）　16
4　フォーメーション（隊形）　18
5　グラフィック＆ソニフィケーション（可視化＆可聴化）　20
6　プログラムデザイン（設計）　22

❷ やってみよう！　会場設営 …………………………………… 24

さまざまなモチベーションを受け止める　24

❸ 初期は明るくて楽しいコミュニケーションをつくろう！ ……… 26

コミュニケーションのつくり方には順番があります　26
資料①　ふりかえりシート　28

基本編　29

どんなモチベーションも受容する… ACT1 ハイタッチバリエーション　30
まずはペアが基本… ACT2 ペア・コミュニケーション　32
グループで情報を共有しよう… ACT3 4つのコーナー　34
自分のことをチョット深めて伝え合うとき… ACT4 私を語る10の言葉　38

効果抜群！ ミニホワイトボード… ACT5 意見を可視化して共有しよう！　42

紙芝居でプレゼンテーション… ACT6 KP法　44

絵本の対話型読み聞かせ… ACT7 絵本ファシリテーターになろう！　46

知識や経験・意欲の差が活かされる… ACT8 スーパーバイザーと学ぼう！　48

意見の帰属を外すことで自由な発想が生まれる… ACT9 キャッチコピーをつくろう！　52

聴きながら書く相談活動… ACT10 オープン・クエスチョンで　56

100の言葉より1つの体験　小さなアクティビティを活用しよう！　60

基本的な考え方　心の体力を温めてエンパワメントな関係と学びを育む
　　　　　　　　ファシリテーターになろう！　62

資料②　チェックシート　研修の学びを高める25のチェックシート　64

実践編　65

実践例①　PTA講座　66

実践例②　子育て講座　68

実践例③　高齢者介護　家族教室　70

実践例④　高齢者の生涯学習　72

実践例⑤　視覚障がい者婚活セミナー　74

実践例⑥　企業の事例①　76

実践例⑦　企業の事例②　78

実践例⑧　地域活動　80

ファシリテーター10か条　82

おわりに　83

装幀
畑佐 実

イラスト
ながた ちさ

レイアウト・撮影
伊原秀夫

写真協力
奥西春美　尾崎真己　神田信治
杉上貴子　杉上智美　杉上美穂子
松尾法弘　水田恵美　森田浩美

出会いとつながり、そして結果を大切にする学びの技術

ちょんせいこ

　ある研修でのひとこまです。当時、駆け出しのファシリテーターだった私は研修室の前に立ち、開始時刻を待っていました。すると、今日の会議が対話型だと知った一人の参加者が、大きな声で私に話しかけました。

　「ねえちゃん、忙しいなか、呼び出されて仕方なく来たんやで。せめて研修の間、寝るつもりできたのに、この研修は寝ることもできへんのか。いったい、何をさせるねん！」

　大阪弁でまくしたて、周囲に同意を求めます。それに答える人、チョット困った顔をする人。会場には、一瞬、張り詰めた空気が流れました。こんなとき、私は「困ったなあ」と思います。でも「きっと大丈夫」とも思うのです。その男性の言葉は軽やかに取り合わず、笑顔と会釈だけでお答えしました。

　研修は時間キッカリにスタートし、司会からの紹介もすみ、いよいよ出番です。先ほどの方は、天井に視線を向けてふくれた顔をしています。経験のない頃であれば、自己紹介をしながらもその方が気になって仕方なかったことでしょう。でも当時の私は、駆け出しでもプロのファシリテーター。その方にも力があることを知っています。

　そしてペア・コミュニケーションが始まりました。隣の人、次の人、また次の人。短い時間ですが話を聴き合っているうちに、ドンドン、その方の顔がほぐれていきます。研修の終わりには「楽しかったわ。また来るわ」と、またもや大声です。その声に周囲の人がホッとしているのがわかります。

　説得でも、注意指導でもない。参加者同士の豊かな対話が、人の心を和らげ、学びを高めてくれる。そんなファシリテーション技術を広げていくことが私の仕事です。

ファシリテーターになると
講師や進行役がとてもラクになる

西村善美

　今思えば、ファシリテーションに出合うまでは無策でした。専門職が集まる年に一度の集まりで進行役をしたときのことです。参加者はさまざまな不安や悩みをもっているのに、前半は延々と資料を読み上げるだけの報告が続き、後半のグループワークは「さあ、話し合ってください」だけの工夫のない設計でした。

　パワーのある人が良かれと思って「その方法は間違っている」とメンバーに意見するのですが、強い否定や攻撃に見えるので、ほかの人はドンドン引いてしまいます。言われた人は傷ついて萎縮し、進行する私も「なってない！」と大声で怒られました。そして結局、何が正解なのか誰もわからないまま「終わってよかった」とホッとする集まり。当時の私がファシリテーションを知っていたら、もっと有意義な集まりにできたのにと後悔します。

　ファシリテーターになって講師や進行役が、とてもラクになりました。無策のときは交流会や会議も「特定の人だけが話し、多くの人は黙る」構図でしたが、今はファシリテーション技術を使うので、短時間で温かいコミュニケーションを育むことができます。みんなが気軽に意見を出し合える安心、安全の環境構成だから、話し合っているうちに気づきや発見が生まれます。「この人が、こんなことを」と驚くような意見が出て、みんなの学びと場をエンパワーします。参加者同士の学び合いが充実していくので、講師や進行役が一人でがんばる必要がなく、参加者が楽しそうに学び、交流している様子を見ていると「人のなかには力がある」ことを実感します。

　ファシリテーションは技術ですから、練習にチョット時間はかかりますが、無策なままで時間をムダづかいするよりは絶対にいい。ぜひ、一緒に練習をして、みんなでファシリテーターになりましょう。

大事なことが伝わる学び
ファシリテーター型講師の可能性

松井一恵

　社会保険労務士として働きながら、講師の経験を積んできました。
　たくさんの講座をしましたが、「自分の進め方はこれでいいのか？」と疑問をもつこともありました。例えば退職後の生活を考える「年金講座」のとき、受講者が腑に落ちないような顔をすることがありました。受講者の老後を思って、私が「あれもこれも知ってほしい」と説明や数字を増やすほど、かえって理解できない様子です。私のほうにも伝わった手応えもなく、自分の生活に結びつかないから受講者もポイントすら覚えていない。私の進行が悪いのかと悩む日々が続きました。
　でも、ファシリテーションに出合ってから変わりました。
　ファシリテーター型講師は、講師と受講者の双方向、受講者同士の復方向の対話を育むので、講座がとても楽しく、受講者が意欲的になりました。
　例えば「年金講座」では、ご夫婦で来ていただき、退職後の時間を、ご夫婦でどのように暮らすのかを講座で対話します。
　改まって話すのはテレくさい。ご夫婦だけだと煮詰まってしまう話も、受講者同士がお互いの夢をシェアしたり、ほかの方の意見を参考にするうちに、講座に気づきや発見、学びが起こっているのがわかります。まるで「夏休み前のワクワク感」で、退職後を語り合うほうが、実践的で効果的な学びになります。
　講師の私も、受講者の具体的なニーズから学んで、そこに合わせて進行できるので「大事なことが伝わっている」感がとてもあります。お店に例えるなら、受講者が買い物に来ているお客様で、私が店番。受講者が主体的に学びやすい環境構成をすることが、ファシリテーターの役割です。
　何より参加者から学ぶことが多くなりました。だから講師の私も、講座のたびにドンドン成長していると感じます。

●用語解説●

ファシリテーター
研修や交流会などの進行役です。参加者が意見を出しやすい安心、安全の環境をつくり、豊かな対話と学び合いを育みながら、共にゴールに向かうプロセスをつくります。人が本来もつ力をエンパワーして、一人ひとりの個性や多様性を活かし合い、対話でチームワークを高め、創造的で生産性の高い学びや成果を創り出す促進役です。

エンパワメント
豊かなコミュニケーションをベースにして心の体力が温まることで、自分が本来、もつ力を発揮すること。ファシリテーターはチームに良好なコミュニケーションを育むので、やがてメンバーのエンパワーし合う関係が充実します。

ワークショップ
ファシリテーターが進行する場。もともとは、作業場や工房の意味で、創造的で生産機能をもつ場をさします。ワークショップは、一人ひとりが能動的にかかわり合い、創造的で生産性の高い議論や学び合い、チームプレーを育む対話型学習です。

アクティビティ
ファシリテーターが提供する活動。メンバーはアクティビティを積み重ねることによって、ゴールをめざして共に歩くことができます。ファシリテーターは、参加者のニーズや状況をつかみ、アクティビティを設計します。

ゴールとエンドユーザー
ファシリテーターが進行する場には、必ず共にめざす「ゴール」があります。ファシリテーターはぶれない視点でゴールを照らしながら、メンバーと一緒に最終利益享受者である「エンドユーザー」に貢献するプロセスと結果を構築します。

❶ ファシリテーション 6つの技術

　ファシリテーターが進行する研修や交流会の特徴は、参加者に豊かなコミュニケーションが育まれ、安心や安全が確保されることです。だから失敗をおそれずにさまざまなドキドキワクワクのチャレンジができます。一人ひとりが自分の力を発揮して、ふりかえりながら学び合うので、個人とチームが成長します。

　ファシリテーションは、以下の6つの技術で構成されます。

1	インストラクション	（説明）
2	クエスチョン	（質問）
3	アセスメント	（分析、翻訳、評価）
4	フォーメーション	（隊形）
5	グラフィック＆ソニフィケーション	（可視化＆可聴化）
6	プログラムデザイン	（設計）

　これらの技術は、一つずつ練習できます。また、組み合わせての練習も可能です。熟練したファシリテーターは6つの技術を瞬時に組み合わせて、参加者が力を発揮しやすい環境構成で研修や交流会を進行しています。

6つの技術

1 ……インストラクション（説明）

　説明や指示を出す技術です。シンプルでノイズ（雑音）のないインストラクションで情報を共有すると、メンバーが動きやすい環境をつくることができます。

　逆にインストラクションが悪いとメンバーの動きも鈍ります。日頃から意識して、インストラクション技術を磨きましょう。ファシリテーターのインストラクションが、ドキドキワクワクのチャレンジを生み出します。

レッスン❶　インストラクションノイズ（雑音）を減らそう

　インストラクションが上手になる一番の早道は「ノイズ（雑音）」を減らすことです。意識するだけでずいぶんと変わります。

> 　ファシリテーションは技術だから、練習すれば上手になります。
> 　だから、一緒に練習を積み重ねていきましょう。

　例えば、この２行に、わざとノイズを加えてみると、こうなります。

> 　あの、ファシリテーションというものはですね、技術だといわれていますから、だから、やっぱり、自分で練習をすればするほど、みんなが上手になっていくわけなんですね。えっと、ですから、やっぱり、これからも私たちと一緒に、たくさんたくさん一緒に練習をして、これからも積み重ねていきましょう。

　いかがですか。言葉が多いと聴き手は、たくさんの情報から趣旨を読み取るのに疲れます。疲れると意欲が低下します。だからシンプルが大事です。

　また、ファシリテーターが「ホントに伝わっているかな」と不安が強くなるとノイズが増えます。攻撃的な言葉や厳しい注意指導の言葉も、聴き手は本能的にブロックするので、結局、伝わらずノイズになります。

　人前で話すときだけでなく、身近な人とのコミュニケーションでも同じことがいえます。日頃から意識して練習しましょう。

レッスン❷ マイクのすすめ

　ファシリテーターの声のトーンは、とても大事な環境構成の一つです。参加人数が多くて「後ろの人まで聞こえるように」と大声を張ると、参加者との関係も「張った関係」になります。また前に座っている人にはボリュームが大きく、後ろの人には結局、遠い声になります。

　こんなときはマイクの力を借りましょう。マイクの力を借りれば、どんなにザワザワした会場でも穏やかなトーンで話しかけることができます。参加者との関係も穏やかに構築できます。後ろの人にも漏れなく情報が伝わるので、参加度が高まります。

❶ ファシリテーション6つの技術　13

6つの技術

2……クエスチョン（質問）

　話を深めて聴く技術です。質問には開いた質問（オープン・クエスチョン）と閉じた質問（クローズド・クエスチョン）があります。

　ファシリテーターは、内省や思考を深めるオープン・クエスチョンでメンバーの深い情報共有を促進します。また、クローズド・クエスチョンで情報をクッキリ明確にします。最初は、「質問の技カード」を見ながら、愚直に練習を繰り返します。やがて、このカードを見なくても、自然に日常会話のなかでオープン・クエスチョンが使えることをめざします。

質問の技カード

オープン・クエスチョンの例
1　〜というと？
2　どんな感じ？
3　もう少し、詳しく教えてください
4　例えば？
5　具体的にはどんな感じ？
6　どんなイメージ？
7　エピソードを教えてください
8　なんでもいいですよ
9　ほかには？

相づちの例
1　うんうん
2　なるほど、なるほど
3　スゴイですねえ
4　そうなんですかあ
5　へえ〜
6　だよねえ
7　それで、それで？
8　そっかあ
9　わかる、わかる
10　ほかには？

クローズド・クエスチョンの例
1　数量
2　固有名詞
3　はい　いいえ

参考文献：ちょんせいこ『元気になる会議—ホワイトボード・ミーティングのすすめ方』解放出版社

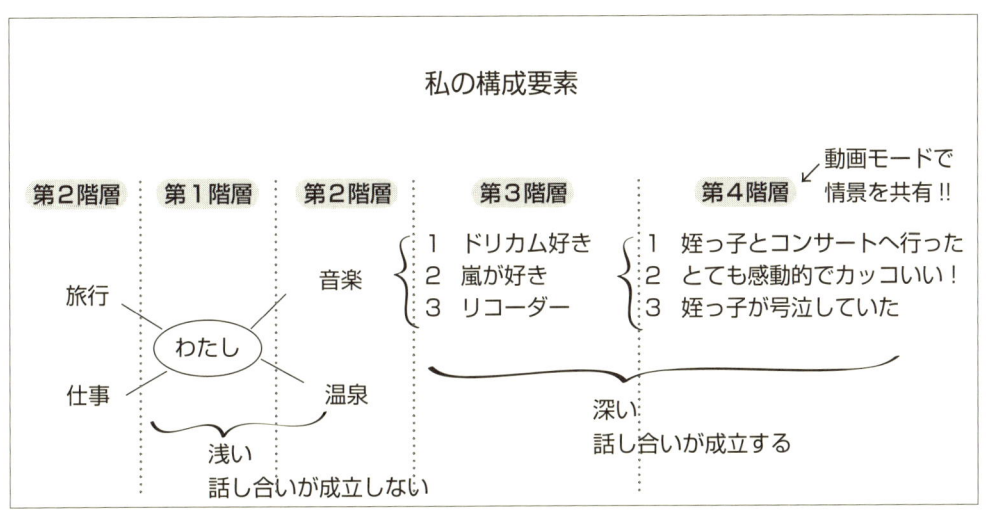

例えば、第1階層を「好きな食べもの」にすると……

レッスン❸ オープン・クエスチョンの練習をしてみよう

1　ペアになってじゃんけんをします。勝った人がファシリテーターです。
2　テーマを決めて質問をします。最初は好きなものシリーズで練習します。
3　2分たったら交代です。同じテーマで質問します。
4　ポイントは第4階層の情景が頭の中に動画モードで再生されることです。
5　この練習を日常的に繰り返します。詳しくは56ページをご覧ください。

6つの技術

3……アセスメント（分析、翻訳、評価）

例えば「ヤル気がない」と見える人は「やることがわからないから、どうしていいのかわからない」と分析できます。

人の行動には、必ず理由があるので、さまざまな事象も理由や背景がわかると対応プランが見えてきます。アセスメントは、そのための分析、翻訳、評価の技術です。

不平や不満を訴えるのには、それなりの理由があるから
分析、翻訳しながら進めます

上手に聴き合うには、あと何回くらい練習すればいいかな？

場の安全が、まだ確保されていないのだなぁ

元気に進めるよりも、波長を合わせて、
どんより進めることからスタートしよう

6つの技術

4 ……フォーメーション（隊形）

　ファシリテーターは場の目的に応じた隊形を組みます。チームのサイズや役割分担、ペアやグループでの活動など、机や椅子の配置を工夫して、チームに適度な一体感とバラバラ感を育みながら効果を高めます。

1　スクール形式でペア
豊かな対話の基本は、ペアでのコミュニケーションです。スクール形式では、3通りのペアで対話を深めます。
フォーメーションA…隣のペア
フォーメーションB…列の前後のペア
フォーメーションC…ななめのペア

2　グループ活動は4人が基本
効果的なグループ活動は4人が基本です。机を2つ組み合わせた「島」の形にして、4人で対話を深めます。自己紹介や発表のときは、じゃんけんで勝った人から始めます。じゃんけんはグループに公平性とリラックスをもたらしてくれます。

3　前に集まる
大事な話をするときや全体発表を見るときは、机を後ろに下げ、椅子を持って前に集まります。みんなで前に集中する空間をつくります。

4　ギャラリーウォーク（チョウチョタイム）

ほかのグループの意見を見に行って、気づきや発見を促すフォーメーションです。「では、今から3分間、ギャラリーウォークです。ご自由に立ち歩いて見に行ってください」とインストラクションします。

5　サークル

みんなで一つの円をつくります。初期はハードルが高い隊形です。逆にチームの成長を感じたときには、サークルがオススメです。順番に話をしたり、全体で思考を深めるときには、チームであることを意識しやすい隊形です。

ポイント

☐1　例えば、和室は風情がありますが、時間の経過とともに足腰が痛くなり、長時間は集中しにくい環境です。椅子とテーブルがあると身体的負担感が軽減し、集中しやすくなります。

☐2　グループ編成の基本は、偶然性に任せます。例えば、参加者40人で、全部で10グループになるのであれば、一度目のグループは近くの席の4人で編成します。そして二度目のグループは、席の順番に1〜10までの番号をつけ、同じ番号の人でグループになります。新しい出会いと対話へとつなげましょう。
　主催者がグループ編成をすると、参加者は「意図」を感じて「やらされ感」が増します。特に前半は偶然性の高いグループ編成を大事にします。

6つの技術

5……グラフィック＆ソニフィケーション（可視化＆可聴化）

　ホワイトボードや紙に意見を書いて共有したり、ベルを鳴らして合図を送るなど、情報を可視化、可聴化することで、メンバーが自立的、協調的に動ける環境をつくります。ファシリテーションはこの２つを多用します。

ミニホワイトボードに書いて意見交換（42ページ）

４つのコーナーで発表（34ページ）

KP法（44ページ）

ホワイトボード・ミーティング
（参考：ちょんせいこ『元気になる会議』）

❶ ファシリテーション6つの技術

6つの技術

6……プログラムデザイン（設計）

　みんなでゴールをめざす道のりを設計します。ファシリテーターは1〜5の技術を使って、研修や交流会を組み立てます。プログラムデザインは、以下の6つで構成されます。

プログラムデザイン　6つの学びのフレーム

1　学びのゴールと価値をインストラクション

　私たちがめざすゴールを共有します。そして、その価値をシンプルにインストラクションします。

2　全体の流れ（見通し）と進め方、評価基準を共有

　どのようにして進めるかを参加者と共有します。特に可視化がオススメです。また、どうなればOKなのか、具体的な評価基準を明確に示します。

3　活動とドキドキワクワクのチャレンジ（学び合い）

　対話を育んで参加者の学び合いを促進します。チャレンジは一人ひとり個別なので、自分に合ったチャレンジを選びます。また全体のチャレンジも選びます。

4　観察とカンファランス、レクチャーの繰り返し

　ファシリテーターは学び合いの様子を観察しながら、全体と個人の成長具合をカンファランスし、次の一歩に向けた具体的な方法をレクチャーします。やがて参加者に適切なカンファランスし合う関係が育まれ、学び合いが加速します。

5　学びの成果共有と価値のフィードバック

　チャレンジや学びの成果を評価基準に沿って共有します。また、ファシリテーターは、成功や失敗のなかにある学びの価値をフィードバックします。

6　ふりかえり

活動の全体をふりかえります。やりっ放しや残念な反省会にはせず、うまくいったこと、いかなかったことを含めて、ふりかえりから学びを積み重ねます。ふりかえりシートへの記入をはじめ方法はたくさんあります。

プログラムデザインの流れ

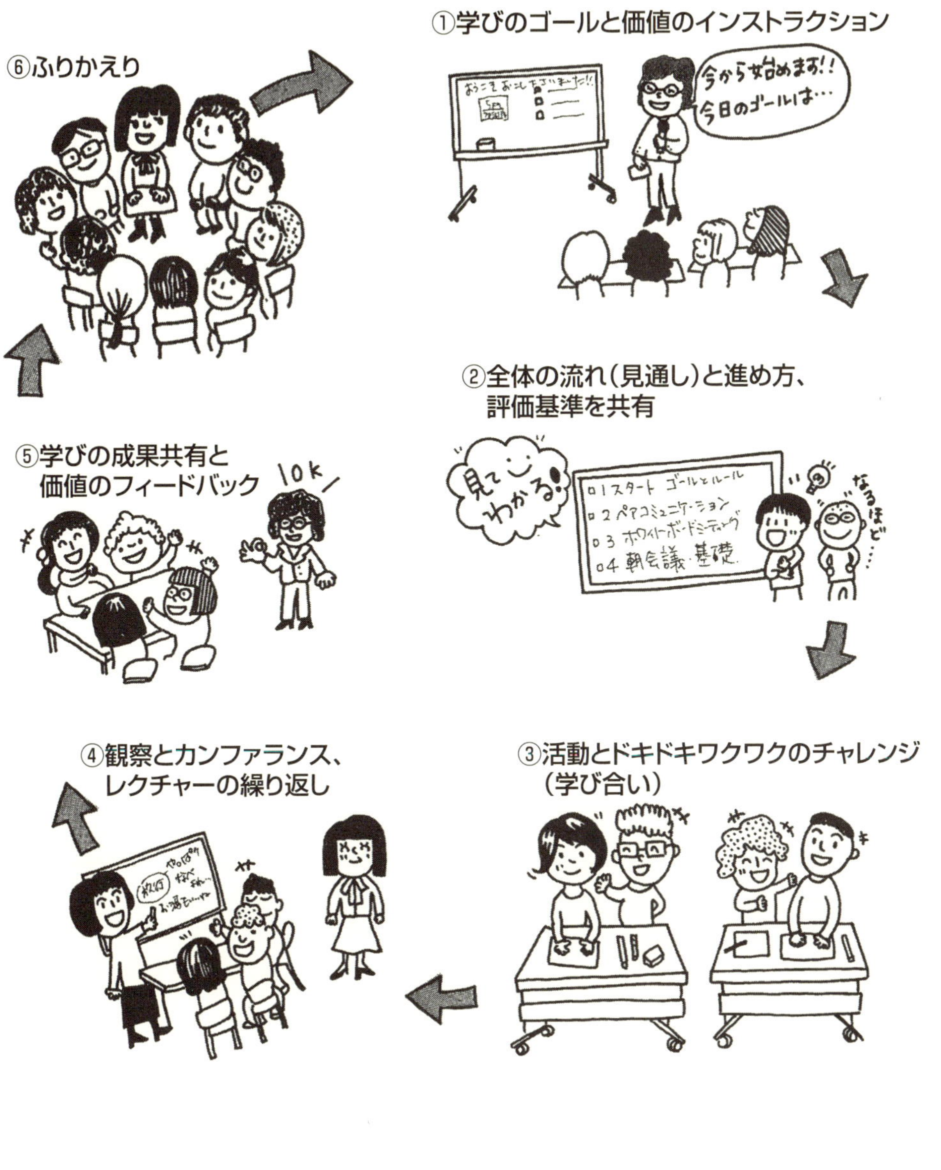

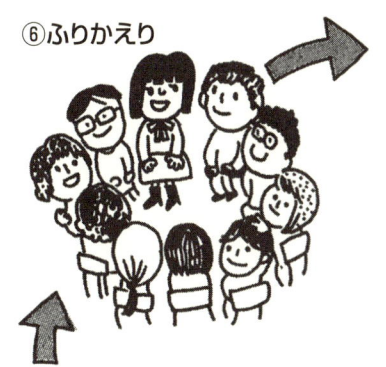

①学びのゴールと価値のインストラクション
今から始めます!!
今日のゴールは…
②全体の流れ（見通し）と進め方、評価基準を共有
見てわかる!
□1 スタート ゴールとルール
□2 ペアコミュニケーション
□3 ホワイトボードミーティング
□4 朝会議・基礎
なるほど…
③活動とドキドキワクワクのチャレンジ（学び合い）
④観察とカンファランス、レクチャーの繰り返し
⑤学びの成果共有と価値のフィードバック
⑥ふりかえり

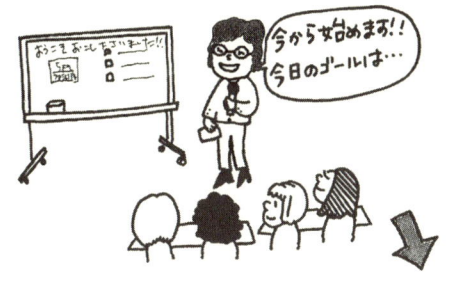

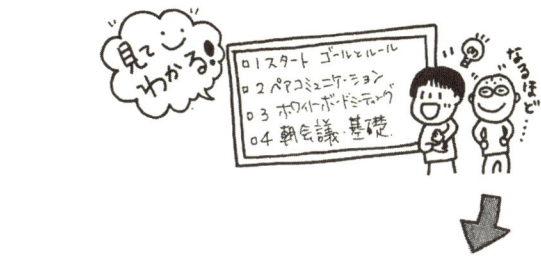

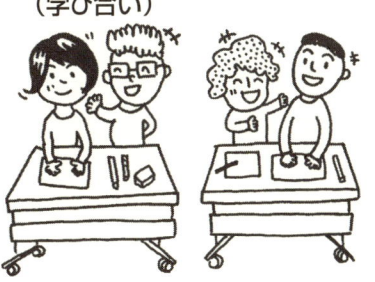

②やってみよう！会場設営

さまざまなモチベーションを受け止める

　研修や交流会には「とても楽しみにしている人」「イヤイヤ仕方なく来る人」など、多様なモチベーションのメンバーが集まります。まずは、誰もが安心、安全を感じる環境構成を心がけましょう。環境構成の一つに会場設営があります。実はこの失敗が、ファシリテーションの失敗を招いている例は少なくありません。6つの技術で工夫してメンバーの参加を促進する会場設営を考えます。

レッスン④　30人＠2時間研修です

　会場は100人定員の部屋。机34に椅子が3つずつ入っています。そんなときの会場デザインモデルの1例です。

ポイント

- □1 床のゴミや机のホコリは、スタッフみんなでキレイに掃除します。
- □2 窓を開けて空気を入れ替え、カーテンを開けます。
- □3 椅子は1人に1つ出します。「あなたのための大切な席」です。空席があるときは場面転換のときに、さりげなく片付けます。
- □4 受付をはじめスタッフは、参加者を穏やかな笑顔で迎えます。
- □5 受付が混雑しない動線を工夫します（例…資料はあらかじめ机上配布など）。
- □6 ホワイトボードに歓迎メッセージや具体的なOK指示を書きます。

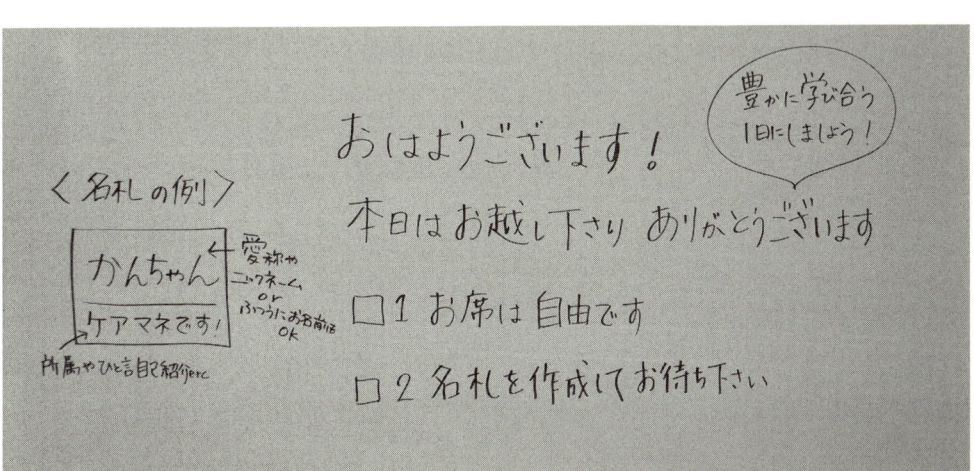

ホワイトボードには歓迎メッセージが可視化されています

レッスン⑤ ファシリテーターの禁句

「今日はワークショップなので、前のほうから座ってください」と大きな声をかけるファシリテーター。でもこれは禁句です。ただでさえヤル気がないときに、こんなインストラクションを聞くと、参加者は、さらにヤル気を奪われます。「後ろの席を確保したいから」早めに来た人にとっても残念です。

どの席に座るかは参加者のマインドマップ。そこに座りたい理由があります。

ファシリテーターはモチベーションをコントロールしません。時間がたつにつれ、前に座りたくなるエンパワーなプロセスをつくることが仕事です。だから参加者はどこに座ってもOK。まずはいったん、受け止めます。

❸ 初期は明るくて楽しい
コミュニケーションをつくろう!

コミュニケーションのつくり方には順番があります

　深い問題を学ぶときも、初期は、明るくて、楽しくて、浅い対話をいろんな人と育みます。中期以降は、つらくて、悲しい、深い問題を誰とでも話し合えるように成長します。

　初期から中期へとチームが成長するときには、オープン・クエスチョン（OPQ）やホワイトボード・ミーティング（WBM）が有効です。

　明るくて楽しいコミュニケーションが育まれているチームは、困難な課題解決にも立ち向かえます。逆に明るくて、楽しい話ができないチームは、つらくて悲しい話や課題解決もできません。この順番を間違えないようにしましょう。

初期		中期以降
明るく 楽しく 浅い対話 いろんな人とチャレンジ	→ OPQ や WBM が有効	つらく 悲しい 深い対話 誰とでも OK

ポイント

- □1　良好なコミュニケーションがあると、学びのクオリティはアップします。
- □2　逆にコミュニケーションが悪いと、少しの失敗も大問題になります。
- □3　良いコミュニケーションは自然発生的には起こりません。最初から作戦を立てて計画的に育みます。
- □4　研修や交流会では、最初にペア・コミュニケーションをして、いろんなペアで意識的に明るく楽しい話を積み重ねます。

初期… いろんな組み合わせでOKになる

中期以降… オープン・クエスチョンやWBMを活用して誰とでもOKになる

（参考：ちょんせいこ『元気になる会議―ホワイトボード・ミーティングのすすめ方』）

　対話の練習不足で、参加者同士の関係が未成熟だと、グループ活動の成果にバラツキが目立ちます。最初から無策に「では、お願いします！」と参加者に任せてしまうと参加者が混乱したり、十分な効果が出ません。そして、ファシリテーターも「やらせよう」と凝集性を高めて失敗します。凝集性を高めず、多様性が機能する学びを育むために、まずはペア・コミュニケーションの練習から始めましょう。
　練習を積み重ねて誰もが上手にバランスよく対話できる成熟した状態のチームは、一人ひとりの強みや個性を活かし合え、しなやかでたくましい多様性が機能します。

資料①　ふりかえりシート

ファシリテーターになろう！講座
（ファシリテーター型研修講師養成講座～初級編）

ふりかえりシート

①講座の感想について、○をつけてください

　　　5（大変良い）──4（良い）──3（普通）──2（悪い）──1（大変悪い）

②気づいたこと、わかったこと、発見したことなど

③疑問、質問、わからなかったことなど

④自由にお書きください。講師やスタッフへのメッセージもお願いします

ホームページなどに感想を紹介します（　可・不可　）※○をつけてください

　　　　　　　ご協力をありがとうございました　　　　株式会社ひとまち

基本編

どんなモチベーションも受容する
ACT1 ハイタッチバリエーション

所用時間 5分

　ファシリテーターのいる場は、どんなモチベーションもOKであることを確認します。ハイタッチバリエーションでお互いを受容、承認できると、私たちは安心して前に進むことができます。笑顔も大事です。ペア・コミュニケーションの前にするのが、オススメです。

価値のインストラクション

　これから2時間、私たちは一緒に学びます。思わず、ハイタッチしたくなるような豊かな学びを一緒につくりたいと思います。でも、そうはいっても、みんながみんなハイタッチな気分ではないかもしれません。体調が悪い人、仕事が忙しくてそんな気分になれない人もいますよね。

　そんなときに「ハイタッチしよう！」「がんばろう！」と求められると、そのたびに「ハイタッチできない自分」（失敗体験）を積み重ねてしまい、私たちの心は、だんだんと冷えて残念です。

　だから、ハイタッチにバリエーションをつくりましょう。まずは、自分や相手のモチベーションを大切に受け止めるところからスタートです。そして思わずハイタッチしたくなるような学びをめざしましょう。

手のバリエーション

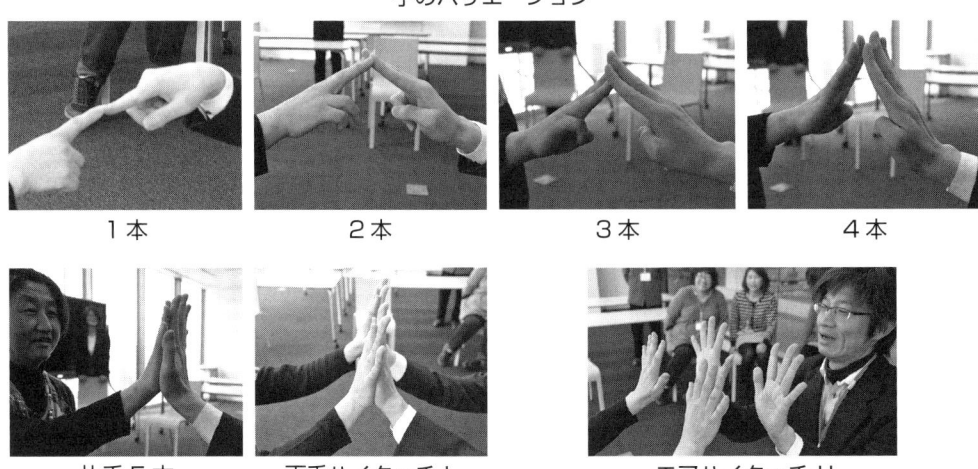

1本　　2本　　3本　　4本

片手5本　　両手ハイタッチ！　　エアハイタッチ!!

進め方のインストラクション

1. 席が隣の人と向かい合います。
2. お互いに指を1本出して「しけ〜た寂しい感じ」で、「イエ〜イ！」とタッチします。はい、お願いします。
3. 次は2本と2本で「イエ〜イ！」。
4. 3本と3本で「イエ〜イ！」。
5. 4本と4本で「イエ〜イ！」。
6. そして5本と5本で、片手でパチン！と「イエーイ！」。
7. そして元気に両手で「イエーイ！」です。これが完成形です。
8. さらに「エアハイタッチ」。手がつく寸前で止めます。絶対に手をつけないでください。「イエ〜イ！」。
9. OKですか？ じゃあ、隣の人と今日の自分の心と体の体調が何本くらいかバリエーションを確認してください（相談時間20秒くらい）。
10. せっかく出会ったのだから、やっぱり、ハイタッチできるチームになりたいですよね。そこをめざしていきましょう。でも、まずは、今の自分を共有するところからスタートです。
11. では、自分の選んだバリエーションで、隣の人とハイタッチです。「せーのーでー、イエ〜イ！」。

ポイント

☐ 1 自分が指5本なのに、相手が指1本だと残念な気持ちになります。でも大丈夫。自分もそんな気分のときがあります。そんな違いを受け入れることを「多様性の受容」といいます。違いを認め合いながら進めます。

☐ 2 ハイタッチバリエーションのあとに、ペア・コミュニケーションをします。二度目のペア・コミュニケーションはフォーメーションB（18ページ）で「次はハイタッチの練習をしておきましょう」とインストラクションをして、みんなで「イエ〜イ！」と、ハイタッチをしてみましょう。一度、自分のモチベーションが受容されているので、少し楽に、あるいはウッカリ、ハイタッチできます。

まずはペアが基本
ACT2 ペア・コミュニケーション

所用時間 10分（2ペア）

みんなの前で手を挙げて発言するのは「参加のハードル」が高くてむずかしくても、隣の人とペアでなら話せることはたくさんあります。ファシリテーターは、まずは参加のハードルを下げてペアでの対話を育みます。

研修や交流会の最初にペア・コミュニケーションで練習をしておくと、進行の途中で「じゃあ、近くの人とペアになって話を聴き合ってみてください。時間は3分です」という具合に、対話を育みやすくなります。

まずはペアでの対話を積み重ねてから、グループ活動へと進みます。この順番を間違わないようにしましょう。

進め方のインストラクション

1 今からペア・コミュニケーションを始めます。
2 今日の学びを支える良好なコミュニケーションの練習です。まずは、隣の席の人と一緒にペア・コミュニケーションにチャレンジしてみましょう。
3 では、隣の席の人と向かい合って座ってみてください。
4 まず、じゃんけんをしましょう。どうぞ。
5 勝った人、手を挙げてください。
6 ありがとうございます。勝ったことを覚えておいてくださいね。
7 英語の手話でコミュニケーションって、こんなふうにします。
8 やってみましょう。ありがとうございます。
9 自分からも行くけど、相手からも返ってくる双方向のバランスの良い対話。
10 これをコミュニケーションと手話で表します。とてもよくできています。
11 でも私たちはコミュニケーションの癖があります。ずっと話し続ける人や話されっぱなしの人、チョット言っただけで、「違うでしょ！」とバンと否定してからしか話せない人など。たくさんの癖があります。
12 その癖を今の手話のように、双方向にするための練習です。
13 私たちはコミュニケーションって、自然とできているように思いがちですが、練習が必要なんですよね。

14 では、テーマを発表します。初めて会う人同士は自己紹介。どんなところから来て、普段、どんなことをされているかなど。差しつかえない範囲でお話を聴き合ってみてください。よく会う人同士の場合は、近況報告をしましょう。自分ばかり話しすぎない、聴きすぎない。先ほどの手話のようにバランスよく聴き合うことを心がけましょう。

15 それでは時間は2人で3分です。じゃんけんに勝った人から話し始めてください。よろしくお願いします（相手を変えて、2～3ペアで実施します）。

①手話でコミュニケーション

③その後、ペア・コミュニケーションをします

②みんなもやってみます

ポイント

☐ 1 話のきっかけを可視化します。名札にも工夫をします。
　　上段　愛称やニックネーム、または普通にお名前も OK。
　　下段　所属や役職、ひとこと自己紹介など。

☐ 2 何を可視化して共有すれば場は温まるのかをファシリテーターは常に考えます。例えば、子育てパパ＆ママの集まりなら、子どもの名前と年齢を書いておくと対話のきっかけになります。

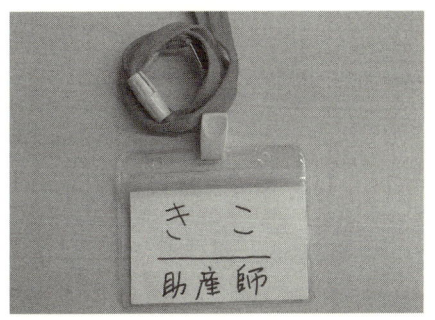

❸ 初期は明るくて楽しいコミュニケーションをつくろう！ 基本編　33

グループで情報を共有しよう
ACT3
4つのコーナー

準備物 A4用紙、水性マーカー（黄色以外）
所要時間 25分

　ペアでの対話に慣れてきたらグループでの活動に移ります。グループ活動の基本は4人です。机を囲んで対話しながら学びを深めます。とはいえ、やっぱり話す量にはバラツキがあり、初期はフリーディスカッションもなかなかむずかしいものです。そこで、とても重宝なのが「4つのコーナー」。全員がお互いのことを知り、その後のフリーディスカッションを豊かに方向づけてくれます。

● こんな場面で使えます
1　講座の冒頭の自己紹介
2　参加者が少し、自己開示をするとき
3　グループで公平に意見を聴き合うとき
4　ファシリテーターが参加者のニーズや日頃の状況を知りたいとき
5　参加者同士が全体を一覧するとき

価値のインストラクション

　これからの講座が実り多く、温かい学びの場になるために、まずは、お互いのことを伝え合い、いいコミュニケーションを育みましょう。
　お互いのことを知り合うのに、とても有効な「4つのコーナー」というアクティビティがあります。A4用紙に情報を短く切り分け、シンプルに書いたフリップを作成します。自分の意見を可視化して見せながら話すことで、ポイントを整理して伝えることができます。聴いている人も見てわかりやすく「上手に話を聴く練習」にもなります。話し手が話しやすいように、体を向け、好意的な関心の態度で聴くことを心がけましょう。では、準備に取りかかります。

①ホワイトボードに設問を書きます

③グループで順番に発表します

②各自がA4の用紙に書きます

進め方のインストラクション

1　A4の用紙を横長に置き、4つに折ってコーナーをつくります。
2　左上に好きな食べ物を書きます。
3　右上には、この講座を受講した動機を書きましょう。
4　左下は、研修の期待度を数字で書きます。10段階で書いてみましょう。
5　右下は上に強みやうまくいっていることを2つ、下に課題を1つです。
6　あまり考えすぎず、直感的に書きましょう。あとからグループで共有するので、言いたくないことは書きません。言いたいことだけでOKです。
7　長い文章ではなく、キーワードやシンプルな文章にします。
8　では時間は4分です。よろしくお願いします（様子を見て5分程度）。
9　そろそろいいですか。では、これから、一人1分で発表します。
10　時間が短いので、特に強調して伝えたいことと、さらっと流すところを考え、メリハリをつけながら発表します。
11　書いた紙を聴き手に見せながら話します。意見を可視化して伝えます。
12　聴き手は、聴くことに集中します。聴くことも勉強です。自分の準備はあきらめて、聴くことに集中しましょう。話す、聴くのスイッチの切り替えはとても大事です。
13　時間がきたら、私からお知らせします。発表の途中でも拍手で終わります。
14　では、グループでじゃんけんをして、一番勝った人から発表します。

15 1分たちました。拍手。では次の人どうぞ。時計まわりでお願いします(交代)。
16 全員終わったので、お互いに紙を見せ合い、3分間フリートークです。
17 ありがとうございました。では、紙を回収します(いくつかを読み上げて全体共有)。
☆集めなくてもOKです。

> **ポイント**
> 左上に「書きやすいこと」、右上に「マインドが温まること」、左下に「数値」、右下に「強みを2つ、課題を1つ」を書きます。

いろんな4つのコーナー 子育て支援

設問

好きな食べ物	私の子育てを ひと言で！
毎日の充実度 1〜10	子育ての いいところ2つ
	悩みや困りごと2つ

実際の例①

スイーツ！	毎日が サバイバル
7	息子の寝顔が可愛い 言葉が増えてきた
	夫の帰宅が遅い トレイも行けない

いろんな4つのコーナー 高齢者介護

設問

好きな旅先	私が介護する 人（年齢）
毎日の充実度 1〜10	介護の いいところ2つ
	悩みや困りごと2つ

実際の例②

北海道	夫（81歳） 姉（82歳）
5	遠方に住む兄が 気にしてくれている
	夜に眠ってくれない 体力が衰えてきた

いろんな4つのコーナー 職場環境

設問

オススメランチ	仕事で大事にしていること
お客様とのコミュニケーション度 1～10	自分の強み2つ
	課題2つ

➡

実際の例③

隣のビルのおすし屋さん	迅速、丁寧な対応
6	くじけない性格 記録を常にとる
	笑顔で答える 専門知識の少なさ

いろんな4つのコーナー コミュニケーション

設問

好きなスポーツ	日頃、心がけていること
日頃のコミュニケーションの充実度 1～10	自分のいいところ1つ
	チャレンジ1つ

➡

実際の例④

サッカー	ポジティブ
4	話を聞くこと
	オチのある話をする

ポイント

☐ 1　何度も繰り返しているうちに、聴くことも話すことも、だんだんと上手になります。メンバーやテーマを変えて、繰り返し取り組むことをオススメします。

☐ 2　何を引き出して共有すれば、この場はエンパワーされるのかをアセスメントしながら話題を設定することもプログラムデザインです。

❸ 初期は明るくて楽しいコミュニケーションをつくろう！ 基本編

自分のことをチョット深めて伝え合うとき

ACT4
私を語る10の言葉

準備物 A4用紙、プロッキーなどの水性マジック（各人数分）
所用時間 25分／4人〜5人グループ

一緒に学び合う参加者が、少し深く自己開示するアクティビティです。

初対面の参加者は距離が縮まり、よく知っている仲間の場合も、意外な一面や強みを発見します。互いのことを知り合うきっかけになります。

また、一人ひとりの物語を考える（内省）➡書く（可視化）➡発表する（共有）ことで、学び合いの効果が高まります。書いてから発表するので、時間を効果的に使え、全員に公平な発言の機会をつくります。ポジティブなフィードバックの練習にもなります。

● こんな場面で使えます

1 保護者会、交流会、研修会での自己紹介
2 グループワークのはじめに
3 チームのメンバー間に、良好なコミュニケーションを築きたいとき

価値のインストラクション

こうしてご一緒しているのも、せっかくのご縁ですから、この機会に、いろんな「私」を自己紹介してみましょう。

今から「私を語る10の言葉」というアクティビティをします。名前のとおり、A4用紙に自分のことを10の言葉で書く自己紹介です。

好きなこと、嫌いなこと、今のこと、昔のこと、なんでもかまいません。自分のことを10個の言葉で書きます。あとからグループで共有すると、意外な一面を発見して、ステキなコミュニケーションのきっかけにもなるかもしれません。

進め方のインストラクション

1. A4用紙を縦向きに使います。マジックの細いほうを使います。
2. 横書きで「私を語る10の言葉」と書きます。このように1〜10までの番号をつけましょう。ここまで書いたら、前を向いてください。
3. では、説明します。タイトルのとおり自己紹介を書きます。初めて会う人に自分のことを自己紹介するときのように、順番に思いつくこと、書きたいと思うことから書いていきましょう。
4. まず、私が見本を書いてみるとこんなふうになります（1〜4くらいまで書いてモデルを示す）。あとでグループで見せ合うので、書きたいことだけを書きましょう。書きたくないことは書きません。
5. まるでストレスを発散するように、自分のことを発散して書いてみましょう。
   書く時間は4分くらいです。時間がきたらお知らせします。
6. ご質問はありますか。わからないときは、手を挙げてお知らせください。
7. では、書き始めましょう。スタートです。

ファシリテーターがホワイトボードに書いて、モデルを示します

各自が自分の紹介をA4の用紙に書きます

8 お時間です。10個書けていなくてもOKです。紙を裏向けてください。
9 話し方を説明します。紙をグループのみなさんのほうに向け、見せながら発表します。時間は一人90秒です。全部、読んでくださってもOK。一つひとつ説明してもOKです。時間は全員に等しく90秒です。
10 聴く人は好意的な関心の態度で聴きます。
11 発表が終わったら、話を聴いている人は、何か一つ褒めるところを決めて、こんなふうにピーッと線を引いてあげましょう。ほかの人と同じところでもOKです。ポジティブなフィードバックを返します。

発表は座ったまま、おこないます。発表後、グループのほかの3人からいい所に線を引いて褒めてもらいます

12 そこまでが終わったら、次の人に変わります。
13 全員が終わったら、5分間のフリーディスカッションです。
14 では、お互いに紙を見せ合って自由に話し合ってください。

例

> **私を語る 10 の言葉**
>
> 1　私は大阪出身です
> 2　私は食べることが好きです
> 3　私はおもしろがりです
> 4　私は絵本にハマっています
> 5　私は「工夫」が好きです
> 6　私は掃除が嫌いです
> 7　私は古い歌謡曲が好きです
> 8　私の好きな色はピンクです
> 9　ハサミをたくさん持ってます
> 10　私は手芸が好きです

ポイント

☐ 1　どんな自己開示をすれば、チームに安心感や温かみが育まれるのかを考えて、ファシリテーターも少し自己開示します。

☐ 2　言いたくないことは言わなくていい。言えることだけで対話を積み上げていくことで、場の安全と信頼を育みます。

☐ 3　いいところに線を引くことで、他者にポジティブなフィードバックをする練習をします。またグループにエンパワーし合う関係を育みます。

効果抜群！ミニホワイトボード
ACT5
意見を可視化して共有しよう！

準備物　20cm×30cmのミニホワイトボード、黒のマーカー（各自1本）、イレーサー

価値のインストラクション

　研修や交流会のときに、手を挙げて意見を言う人はかぎられています。全員が挙げるわけではないし、全員が発言する時間もありません。

　そこで、今からミニホワイトボードを使います。使い方はたくさんあります。例えば、自分の意見を書いてフリップのように出したり、ペアやグループで聴き合ったり、いろんな使い方ができます。発表が苦手な人もミニホワイトボードに書いて見せることで自分の意見を伝えやすくなります。

　いろんな使い方ができるので、少しずつ練習をしていきましょう！

フリップバージョン

　参加者が意見を表明するとき、ミニホワイトボードに書いて「せーのーでダダン！」のタイミングで、一斉に前に向かってフリップのようにかざし、全員の意見を可視化します。書けないことも大切な情報です。ファシリテーターが読み上げることで、意見が伝わった実感をもつこともできます。また、みんなの意見が可視化、可聴化される効果も秀逸です。慣れてきたら参加者が問題を出します。

「せーのーでタダン！」で意見を可視化します

進め方のインストラクション ○×クイズ

1 今から○×クイズをします。
2 問題を言います。答えを○か×でミニホワイトボードに書き、「では、どうぞ」の合図でフリップのようにかざして見せてください。○と×は、ホワイトボードに書いたようにこんなふうに大きく書きます。
3 では、第1問です（問題を出したあとはフリップのように見せて意見を共有）。

ホワイトボードにミニホワイトボードの書き方のモデルを示します

意見表明と対話バージョン

1 今から質問することの答えを書いてください。
2 では、一斉に挙げて見せてください（時間があれば、ファシリテーターが全部を読みあげます）。
3 では、隣の人と見せ合って2分間、コミュニケーションしましょう！

❸ 初期は明るくて楽しいコミュニケーションをつくろう！ 基本編　43

紙芝居でプレゼンテーション

ACT6
KP法

準備物 A4用紙、水性マジック、マグネット、ホワイトボード
所用時間 20分

　KP法は、ファシリテーターの川嶋直さんが提唱する、シンプルで具体的でわかりやすい上手なプレゼンテーションの方法です。説明のポイントをあらかじめ、A4用紙にわかりやすく書き、ホワイトボードに貼りながら説明します。インストラクションの可視化です。ポイントがあらかじめ書いてあるので漏れなく説明できます。可視化して共有することで理解が深まります。

（参考：川嶋直『KP法―シンプルに伝える紙芝居プレゼンテーション』みくに出版）

進め方のインストラクション

1　自分の伝えたいことのポイントをメモに書き、
2　説明の順番に並べ替え、キーワードを4枚のA4用紙に、わかりやすく大きめの文字で書きます。
3　まずは練習です。紙芝居のようにペラペラと手元でめくりながらインストラクションを練習しましょう。
4　では、本番です。紙をホワイトボードに貼りながら、90秒で自分の伝えたいことをわかりやすくインストラクションします。ペアで交代でやります。

KP法でのインストラクション例（90秒）

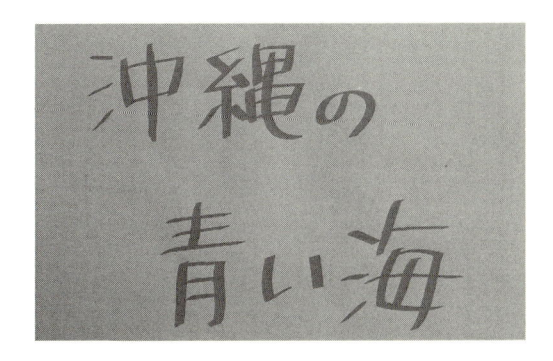

［沖縄の青い海］

① 私は沖縄の青い海が大好きです。美しい海を見るたびに、心がスーッとします。

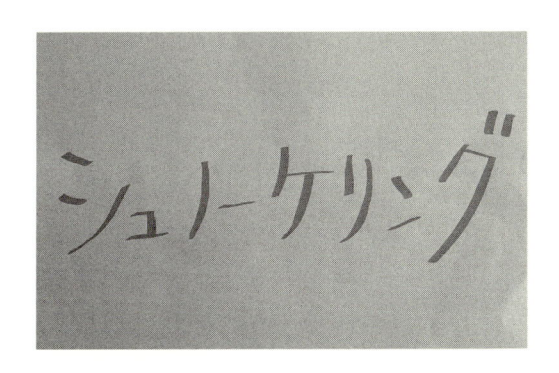

［シュノーケリング］

② なので毎年、夫と沖縄へ行き、シュノーケリングをします。エサをまくと小魚が寄ってきて、とても楽しいです。たまに指をかじられたり、珊瑚の間に「ニモ」を発見したり、ステキな時間を過ごします。

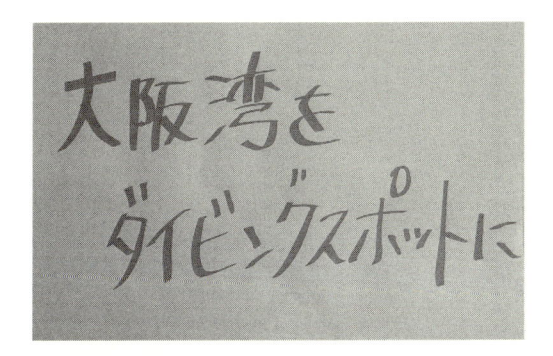

［大阪湾をダイビングスポットに］

③ ところが、私の住む大阪の海は「悲しい色やね」と歌われるぐらいに汚れています。でも、なんと。その海をダイビングスポットにしたいとがんばっているダイバーたちがいます。大阪の南のほうの海にアマモを植える活動をしているのです。

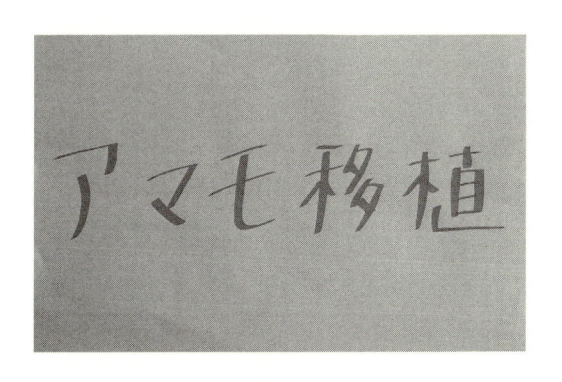

［アマモ移植］

④ アマモは海の稲と呼ばれ、アマモが生えているまわりには小魚たちが寄ってきます。ダイバーたちは、このアマモの移植に取り組んでいるのです。では、今からダイバーのみなさんの取り組みに学びたいと思います。拍手でお迎えください。

❸ 初期は明るくて楽しいコミュニケーションをつくろう！基本編

… 絵本の対話型読み聞かせ
ACT7
絵本ファシリテーターになろう！

　絵本ファシリテーターは、読み聞かせの途中で立ち止まり対話を育みながら、聴き手と一緒に物語を楽しみます。「ちょっと近くの人と聴き合ってみてください」と、誰かとおしゃべりしながら絵本を読むと、まるで自分が主人公になったような気持ちになって、一緒にドキドキしたり、笑ったり、新しい発見をしたり、絵本のおもしろさや可能性がグン！と広がります。

　ドキドキワクワクする楽しい物語、涙が出るほどに悲しい物語、ジーッと何度でも繰り返し考えたい物語、つい体が動きだしそうになる物語などなどシンプルな文章と絵の力で絵本はさまざまな「物語」を伝えてくれます。対話型読み聞かせを通じて温かい関係も育まれます。読み聞かせの対象は、もちろんオトナも OK です。

進め方と対話のポイントの例

『じがかけなかったライオンのおうさま』
マルティン・バルトシャイト　作・絵
かのうのりたか　訳
（フレーベル館）

①フンコロガシのこうすいって、どんなにおいだと思いますか。隣の人とちょっと聞き合ってみてください（11 ページ）。

②「ちがーう！　そんなことをかいてほしいんじゃなーい」（15 ページ）を全員で声を合わせて読む（ライオンの気持ちになって）。

③ハゲタカはどんな手紙を書いたと思う？　隣の人とちょっと聴き合ってみてください（16 ページ）。

④「ちがう!!　ちがう!!　ぜ・ん・ぜ・ん　ちがーう!!」を全員で声を合わせて読む（19 ページ）。

⑤読み終わってから「今、手紙を書いてみたい人っていますか？」「ちょっと思い浮かべてください」「伝えたい気持ちを大切にしましょう」とインストラクションして終わる。

ポイント

- ☐1 本番の前に必ず、下読み（予読）をします。声を出して読みましょう。
- ☐2 聴き手をイメージして、一緒にどんなふうに物語を楽しみたいかを考えます。
- ☐3 絵本に開きぐせをつけておきます。最初に真ん中を開き、軽く手で押したあと、前ページ、後ページと順番に開きぐせをつけます。
- ☐4 片手で絵本の地（下）の部分をしっかりと持ち、安定した持ち方にします。
- ☐5 絵が見えるように、前に集まるフォーメーションで読み聞かせをします。
- ☐6 「絵がよく見えないときは、場所を変わってもいい」と伝えます。
- ☐7 例えば学校で読み聞かせをするとき、前に集まらない子がいても注意指導して場を冷やしません。「待ってるからね」と声をかけて、読み聞かせを始めます。
- ☐8 物語のリズムやテンポに合わせてページをめくります。
- ☐9 対話のポイントは１冊の絵本で２〜３回にします。
- ☐10 対話型読み聞かせは、聴き手が声を合わせて読んだり、登場人物になってセリフを言ったり、いろんな対話で物語を一緒に楽しみます。もちろんシーンと聴き、自分との対話だけのときもアリです（絵本ファシリテーター３人の会のリーフレットより）。

絵本ファシリテーター３人の会
対話を育みながら絵本の読み聞かせをする「絵本ファシリテーター」を提唱するちょんせいこ（株式会社ひとまち／大阪）、石川晋（北海道／中学校教諭）、岩瀬直樹（埼玉県／小学校教諭）の３人の会。互いの実践を交流しながら、ゆるゆると提案することが目的。各地に絵本ファシリテーターが誕生し、絵本と対話の可能性やネットワークが広がることを願う３人の集まりでもある。

知識や経験・意欲の差が活かされる

ACT8
スーパーバイザーと学ぼう！

準備物 各自＋グループに1枚のミニホワイトボード、マーカー、イレーサー、学ぶテーマについての資料、プリント

所要時間 45分〜60分／4人〜5人グループ

☆可能であれば、知識と経験が豊富なリアルスーパーバイザーがいるとよい

あるテーマについて、理解と関心を深めるアクティビティです。

研修会や交流会の場には、テーマについて経験や知識が豊富な人もいれば、ほとんど何も知らない人もいます。関心の度合いも一人ひとり違います。「そんなことは、もう知っている人」と「まったくわからない人」が一律に学び、交流すると、知識や意欲のある人ばかりが発言することになりがちです。

この「スーパーバイザーと学ぼう！」は、「よく知っていること」「まったく知らないこと」をどちらも強みとして尊重しながら、学び合えるアクティビティです。終わってから「もっと知りたい、調べたい」学びの意欲が芽生えることをめざします。テーマについてよく知らない参加者が「スーパーバイザー」役として、主体的に教える側に立つことで、短時間に集中して知識を吸収し、ぐっと学びが深まるところがポイントです。

● こんな場面で使えます

1　さまざまな研修や交流会
2　あるテーマについての勉強会
3　参加者のなかに経験や知識の差があるとき

価値のインストラクション

今から◎◎について学びます。私たちのなかには、この◎◎について深く知っている人もいれば、そうでない人もいます。知識や経験の差を活かし合える学びをめざしましょう。そして、◎◎について、より深く学ぶきっかけにしましょう。

進め方のインストラクション

まず、最初に

1 ◎◎の問題に詳しく、知識や経験がある人をスーパーバイザーに任命します。グループ数と同じ人数にします。

☆知識や経験のある人がいないときは、ボランティアを募ります。

2 この人たちはスーパーバイザー席に集まり、詳細資料を参照し、自習しながら、参加者の議論や質問を待ちます。より深く知りたいことや自信がない部分は、リアルスーパーバイザーにコッソリ質問しておきましょう。

①◎◎問題に詳しいリアルスーパーバイザーです　　②参加者からスーパーバイザー役を募ります

3 では、今から◎◎について学びます。グループで自己紹介をしましょう。
4 ◎◎についての疑問や質問を各自のミニホワイトボードに書きましょう。
5 各自が書いた疑問や質問をグループ内で発表し、意見交換をします。5分後には、出された疑問、質問のなかから5つを選び、グループ用のミニホワイトボードに書いてください。

③◎◎問題について各自が質問や疑問を書いて交流します

6　今から、スーパーバイザーが、各グループに行きます。グループ用のミニホワイトボードに書かれた質問に答えますので質問してください。

④グループで5つの質問をまとめてミニホワイトボードに書き、
スーパーバイザーに質問

← スーパーバイザー

7　スーパーバイザーが、各グループの話し合いについて発表し、全体で共有します。

⑤グループから出た質問で答えられなかったことは、
リアルスーパーバイザーに質問してOK

8　最後に、今から全員に資料を配布するので見てください。補足説明を、リアルスーパーバイザーからお願いします。

9　では、グループで一人ひとり、感想とスーパーバイザーにお礼を述べましょう。

ポイント

- [ ] 1　スーパーバイザーとして「教える側に立つ人」の学びが最も深まります。
- [ ] 2　グループ内に、あえて知識の差をなくす（よく知る人がスーパーバイザー席に離れることで）疑問や質問にすぐに答えてしまうのではなく、メンバーの対話や試行錯誤を促します。
- [ ] 3　学校や大学でおこなう場合は、同じ立場の仲間がスーパーバイザーになることで質問しやすくなり、説明に興味、関心をもちやすくなります。
- [ ] 4　スーパーバイザーは49ページの4の場面のときに、各グループの様子を見に行き、質問内容について予習することができます。
- [ ] 5　見識の深い「リアルスーパーバイザー」がいるときは、2の場面のときに、スーパーバイザーの質問に答えてもらうなどして学びを深めておきます。また、スーパーバイザーが答えられないことは、50ページの7の発表のときにリアルスーパーバイザーへの質問としてつなげます。
- [ ] 6　参加者が、主体的に対話と試行錯誤を深めたあとに、最後に資料を配布することで、資料への関心も強まります。

例えば、こんなふうに進めました

「メイク・ア・ウィッシュ　オブ　ジャパン」（http://www.mawj.org/）という団体は、難病の子どもたちの願いをかなえる活動を続けています。講座にスタッフの百田さやかさんをリアルスーパーバイザーとしてお招きしました。

全体進行役のファシリテーターが「メイク・ア・ウィッシュ」の活動について知っている人を募ると、ちょうどグループと同じ数の人が手を挙げたので、すぐにスーパーバイザーに任命。その場を離れて「スーパーバイザー席」で資料を読んで自習を始めます。なかにはスーパーバイザーに任命されたものの「詳しくない人」もいます。でも大丈夫。そんな人ほど必死で資料を読んでいます。

その間、参加者はミニホワイトボードに自分の疑問を書いて交流します。全体進行役のファシリテーターからは「難病の子どもの支援団体」とだけ説明がありました。「資金は？」「どんなことを支援しているの？」「どうやって、支援する子を決めるの？」など、素朴な質問を交流し、試行錯誤が始まります。

そこにスーパーバイザーが登場。にわかじこみの知識でも、資料を読みながら質問に答えるうちに、ドンドン学びが深まります。最後に、リアルスーパーバイザーである百田さんが補足説明と、活動を始めたきっかけ、ご自身のやりがいについてお話をされました。参加者に学びが引き寄せられて、しっとりした集中力で、会場の学びが深まる様子がとても印象的でした。

意見の帰属を外すことで自由な発想が生まれる

ACT9
キャッチコピーをつくろう！

準備物 A4用紙、A3用紙、プロッキーなどの水性マーカー（黄色はのぞく）、付箋（7cm四方）

☆グループサイズは5人

みんなのアイデアを出し合ってキャッチコピーを考えます。ポイントは思いついたことをドンドン出して書くこと。7cm四方の付箋に1人3枚以上、意見を書き出します。意見は無責任に書くことが基本です。苦手意識をもつ人も、5枚、10枚とドンドン書きためたもののなかから組み合わせると、見事なキャッチコピーが完成します。

● こんな場面で使えます

1 事業やイベント、商品の名称やキャッチコピーを決める
2 みんなで合意形成の練習
3 プレゼンテーションの練習

価値のインストラクション

今からこの商品のキャッチコピーを決めます。ポイントは無責任でいいから思いついたアイデアをたくさん出すことです。最初は「どうかなあ」と思っていたアイデアもこのアクティビティを進めるうちに、見事なキャッチコピーに変身します。楽しみながら一緒に進めていきましょう。そして、お客様の心をとらえ、思わず手を伸ばしたくなるキャッチコピーをみんなで考えましょう。

進め方のインストラクション

◎ 発散　5分

1 まずはアイデアを発散します。1人3枚以上の付箋を配りますので、3つ以上のキャッチコピーのアイデアを考えて書きます。
2 1枚の付箋に一つのキャッチコピーを書きましょう。見やすいように水性マーカーの細字を使い、大きめの字で書きましょう。
3 コツは深く考え込まないことです。直感を大切に、できるだけ無責任に、思いついた言葉から書いていきます。

①付箋にアイデアを書きます　　　　　②A3用紙に貼って共有します

◎共有　5分

1　1人3枚の付箋を読み上げながら発表します。A3用紙に上下をそろえて貼りましょう。全員で2分です。
2　ほかのグループを見てまわります。リーダーがマーカーを1本持ち、グループで一番良いと合意したキャッチコピー（付箋）に○をつけます。
3　どんどん、ほかのグループをまわり、同じように一番良いキャッチコピーを決め○をつけていきます（2～3枚に○をつけるのもOKです）。
4　ほかのグループの意見は、誰が書いたかわかりません。このように意見の帰属を外し、「澄んだまなざし」でゴールやエンドユーザーに貢献する意見を採用しやすくします。では立ち上がって、ほかのグループのキャッチコピーに○をつけてください。

ほかのグループのキャッチコピーを見て、一番良いと思った付箋に
リーダーが○をつけます

❸ 初期は明るくて楽しいコミュニケーションをつくろう！基本編　53

◎収束
1 自分のグループに戻りましょう。自分の書いたキャッチコピー(付箋)に○がついていたら、うれしいですよね。でも、なくてもガッカリする必要はありません。敗者復活のチャンスもあります。
2 ○の数が多かった付箋を中心に、2枚か3枚を組み合わせて、キャッチコピーをつくります。そのまま組み合わせても、アレンジしてもOKです。○のつかなかった付箋を選んで組み合わせるのもOKです。

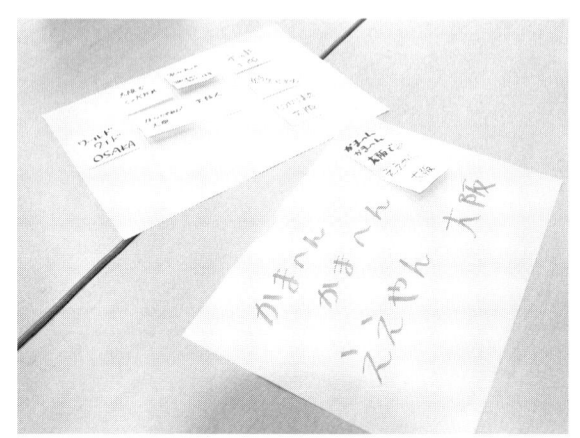

付箋を組み合わせてキャッチコピーを完成!

◎活用
1 つくったキャッチコピーをA3の用紙に書いて、発表します。
2 グループで、発表の方法を考えます。全員が何らかの形でかかわるのがチャレンジです。寸劇や歌にするなどインパクトのある、わかりやすいプレゼンテーションにしましょう。
3 聴くときは、発表者に好意的な関心の態度を向けましょう。
4 発表が終わったら優秀作品を選びます。審査員役を決めてもよし、投票で決めてもいいです。

> **ポイント**
> - ☐ 1　声の大きな人も小さな人も付箋に意見を書くことで公平に参加できます。
> - ☐ 2　付箋の色は全員同じものを使い、誰の意見かわかりにくくします。
> - ☐ 3　自分のグループで「どれが一番、良いか？」を決めるのは、なかなかむずかしいものです。私たちは「どの意見が良いか？」ということよりも「誰の意見か」が気になります。ほかのグループの意見は誰の意見かわからないので、エンドユーザーに近い視点で無邪気に評価します。
> - ☐ 4　○をつけた意見を中心に、いくつかの意見を組み合わせるとステキなキャッチコピーができます。ファシリテーターは、どこかのグループの付箋を選んで組み合わせ、モデルを示しましょう。
> - ☐ 5　プレゼンテーションの練習は、立って練習することを奨めます。また発表は1回目よりも2回目のほうが上手になるので、予行演習と本番のプロセスをつくると充実します。
> - ☐ 6　キャッチコピーは「投票」や「審査」によって一番を決めますが、もちろん決めないまま終わることもOKです。

例えば、こんなふうに進めました

　ある企業の商品開発部。お客様の心に届くキャッチコピーを考えるときに、この方法で取り組みました。部署は経験豊かなベテラン社員6人と入社2～3年目の若手社員が6人。若手の意見がなかなか採用されず、仕事のモチベーションも下がり気味。会議ではだんだん意見が出なくなり、ベテラン社員が若手を責める残念な場面もありました。

　そこでベテラン社員の一人がファシリテーターとなり、3グループに分かれてこの方法で進めると、若手からもドンドン、アイデアが出ました。「無責任でいいから意見を出す」ことが参加のハードルを下げたのです。

　共有の段階でベテラン、若手を問わず、グループのみんながいいと思う意見に○をつけると、自分の意見が選ばれずガッカリする人もいましたが、活用の段階で○がつかない意見も復活して採用。結果、短時間の間に20本以上のキャッチコピーができて、その後は時間をかけてじっくりと、最後の1本を話し合って決めました。このプロセスのおかげで例え自分の意見が採用されなくても、誰もがこの場に貢献できたことを実感し、みんなで決めたキャッチコピーに達成感があふれていました。

聴きながら書く相談活動
ACT10
オープン・クエスチョンで

準備物　ミニホワイトボード、ホワイトボードマーカー（黒、赤、青）
　　　　　もしくはA3用紙、ボールペン（黒、赤、青）

　ファシリテーションは技術です。だから練習すればするほど上手になります。そのなかでも「質問の技術」は特に大切。オープン・クエスチョンで相手の思考を深めて聴くことができると、お互いの情報共有が進み、関係がエンパワーされます。そして、この技術はファシリテーターじゃないときにも大きな効果を発揮します。みんなで聴き上手になりましょう！

◉ こんな場面で使えます

1　参加者の関係を少し深めたい
2　日常のコミュニケーション技術を高めたい
3　相談活動などに携わるスタッフの質問力を高めたい

価値のインストラクション

　コミュニケーションのなかでも聴くことは特に大切ですが、「しっかり聴きましょう」と言われても具体的にどうすればよいのかはむずかしいものです。聴いているつもりでも、つい相手の話をさえぎってしまって不全感を残し、なかなか解決に向けて進まないこともあります。また、人の話を聴き続けることには「疲れる」特性があります。厳しい状況や繰り返される話、そしてクレームは技術をもたずに聴いていると疲れるし、聴く側の心も傷ついてしまいます。

　だから具体的な聴く技術を磨いて、効率的、効果的に主訴をつかむことや、相談者自身が自分で悩みを解決するお手伝いができることをめざしましょう。

（参考：ちょんせいこ『元気になる会議―ホワイトボード・ミーティングのすすめ方』78ページ、解放出版社）

進め方のインストラクション

1　今から全員で「質問の技カード」にあるオープン・クエスチョンと相づちを群読します。私のあとに続いて読んでください（本書14ページを参照）。

2　ありがとうございます。では、実際に質問の技を使うモデルを見せます（本書15ページのイラストのようにモデルを見せる）。

3　このように、オープン・クエスチョンだけで相手の思考を深めながら、質問を進めていきます。ポイントは第4階層の情景共有です。頭のなかで動いている映像（動画モード）で情報共有することをめざします。

4　では隣の人とオープン・クエスチョンで質問し合ってみましょう。
　　☆2分ずつ質問をし合う。

まずは「質問の技カード」にあるオープン・クエスチョンを使って聴く練習

5　どうですか？　動画モードで情景が共有できましたか？　何度も愚直に練習をして、この「質問の技カード」を見なくても、自然とオープン・クエスチョンが使えることをめざします。

6　また、クローズド・クエスチョンは、情景をハッキリ明確にしてくれます。「たくさんの子ども」という言葉も「男の子3人と女の子7人」と説明されると、頭のなかに浮かぶ情景が明確に変わりますよね。「3歳くらいの」と言われると、3歳くらいの子どもたちの情景になります。クローズド・クエスチョンも少しずつ練習しましょう。

7　では、オープン・クエスチョンを使いながら、「聴きながら書く」をやってみましょう。ホワイトボード・ミーティングの「発散（黒）➡収束（赤）➡活用（青）」を使って、話のなかにプロセスをつくります。

例えば、こんなふうにします。

◎**発散**（黒／2分〜3分）　最近のチョットした悩み

◎**収束**（赤／1分）　　　そのなかでも一番、困っていること

◎**活用**（青／1分）　　　これからどうしたいか？　どうなったらよいか？

最初の1分程度を前でやってモデルを見せます

8　では、ペアになりじゃんけんで勝ち負けを決めましょう。勝った人が先にファシリテーター（相談を受ける役）です。負けた人は相談者になり、最近のチョットした悩みを相談してください。

9　始めます。よろしくお願いします。「最近のチョットした悩みというと？」。

10　3分がたちました。次は赤色に持ち替えて収束です。「そのなかでも一番、困っていること」は何ですか？

11 では次に青色に持ち替えて活用です。「これからどうしたいですか？ どうなったらいいと思いますか？」と質問をして青色で書きましょう。
12 ありがとうございます。では、ファシリテーター役の方、書いたことを読みあげてフィードバックしましょう。「最近の悩みは〜で、一番、困っていることは〜で、〜のようになればいいと思っておられるのですよね」と読んでフィードバックします。

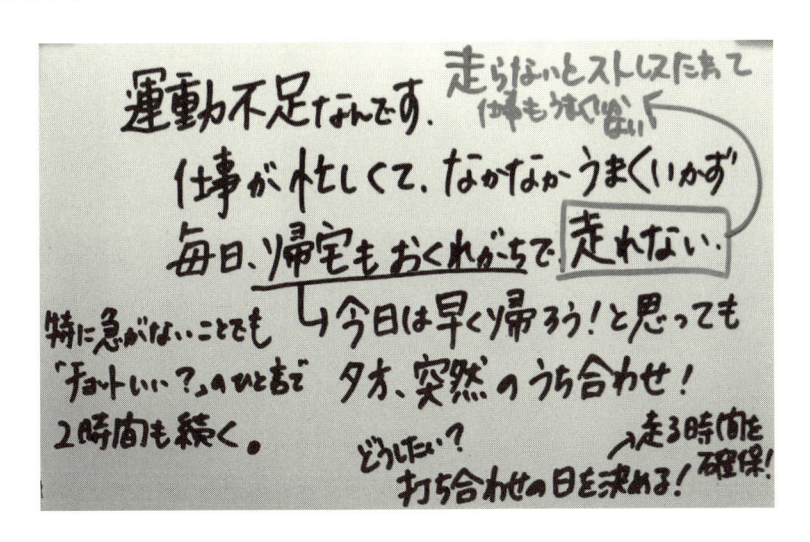

13 では最後にファシリテーター役の人からアドバイスです。無責任でもいいので、愛のあるアドバイスをしてあげてください。時間は2分です。
14 ありがとうございました。では、タッチ交代です。

ポイント

- □ 1 オープン・クエスチョンで話を深めて聴くことで情報共有が充実します。
- □ 2 ポイントは「7 エピソード（話）を教えてください」です。この質問で動画モードの情景共有が一気に進みます。
- □ 3 うまくいかないときは、モデルをたくさん見ます。見ているうち、やっているうちに、だんだんと自然にできるようになります。
- □ 4 最初は楽しい話で慣れることを大切にします。
  - 例 発散 好きなこと　収束 なかでも一番のオススメ　活用 これからどうしたいか
  - 発散 楽しかった思い出　収束 なかでも印象に残っていること　活用 今後の楽しみ
- □ 5 ぜひ、ホワイトボード・ミーティングにもチャレンジしてみてください。

100の言葉より1つの体験
小さなアクティビティを活用しよう！

　少しの時間でできる小さなアクティビティをたくさん知っていると、笑いや感情、そして活動の価値を体験的に学ぶことに役立ちます。100の言葉よりも一つの体験の積み重ね。シンプルなアクティビティは、さまざまな場面でとても役立ちます。

「ハイ・イハ」の進め方

1　2人で手を交互にかさねます。
2　重ねる前に、お互いに「いいですか？」と聞きます。
3　OKであればピタリと重ね、NGのときは浮かしておきましょう。
4　私たちのなかには人とのスキンシップが苦手な人もいます。
5　だからNGでも大丈夫。あなたがキライというわけではありません。
6　私が「ハイ」と言ったら、一番上の手を一番下に動かします。
7　私が「イハ」と言ったら、一番下の手を一番上に動かします。
8　では、やってみましょう！「ハイ、ハイ、ハイ、ハイ、イハ、イハ、ハイ」。

失敗したとしても笑えるゲームで、楽しさや体験を共有します

でんでん虫
①右手グー、左手パーにします。
②右手を上、左手を下にして、でんでん虫をつくります。
③でんでん虫の歌を歌いながら、上下の入れ替えを繰り返します。
④上にきた手はグー、下にきた手はパーです。
⑤慣れてきたら、4人で円になります。
⑥自分の右手の下に隣の人の左手、左手の上に逆隣の人の右手をおきます。
⑦同様に歌いながら、その場で右左を交互に上下に動かします。

じゃんけんポイポイ
①進行役が「じゃんけんポイ」と言いながらじゃんけんをします。
②参加者はそのあとに「ポイ」と言いながら、あと出しをします。
③最初は進行役に勝つものをあと出しで出します。
④慣れてきたら負けるものをあと出しで出します。

ペア・コミュニケーション「なんでバージョン」
①2人1組でじゃんけんをします。
②勝った人が聴き役、負けた人が話し役です。
③負けた人は朝起きてからの出来事を時系列で話します。
④聴き役は、そのいちいちに「なんで?」と突っ込みます。
⑤話し役が答えて話すとドンドン言いたいことから話がそれていきます。
⑥40秒でペアを交代します。
☆聴き役の介入が会話を誘導することを体験します。

「す」のない世界
①任意の3人～4人、お題を決めて話をします。
　例:あなたの好きな食べ物の話をしてください。
②ただし「す」を言わないことがルールです。
③「○いかが○きです」のようになります。
☆ほかの50音や「カタカナ語」などに置き換えてOK!

数字で感情表現
①全員で一つの輪になります。
②1から順番に数字を割り当てます(10人なら1～10)。
③参加者は割り当てられた数字しか言えません。
④架空の感情を設定し、表現しながら隣の人に数字を伝えます。
　例:至福の喜び、大失恋の痛手、無上の達成感など。

ホット・シーティング
①1人がキャラクターになりきります。
②キャラクターでは広すぎるときは、ジャンルを決めます。
　例:歴史上の人物、文房具、物置においてありそうなものなど。
③全員で1問ずつ全員が質問します。
④キャラクターの人は、なりきって答えます。
⑤質問は、最初は「YES」「NO」で答えられるものにします。
⑥慣れてきたら、オープン・クエスチョンに移行してもOKです。
⑦質問の数を「全員で2周」など決めておき、みんなで当てます。

基本的な考え方

心の体力を温めてエンパワメントな関係と学びを育むファシリテーターになろう！

自己選択、自己決定しながら生きる（基本的人権の尊重）

　私たちは人生の岐路に立ったとき、自己選択、自己決定をしながら自分らしく生きていきます。進学、就職、結婚、住まい、趣味、親の介護、自分の老後。そして自分はどんなふうに死んでいくのかという人生のエンディングまで含めて、無数の自己選択、自己決定を繰り返しながら生きていきます。

　自分のことを勝手に決められると、私たちは「自分らしく生きることを侵害された＝基本的な人権が侵害された」と感じます。自己選択、自己決定をしながら自分らしく生きることは、基本的な人権が尊重されている最もシンプルなスタイルです。

心の体力を温めるエンパワメント

　しかし、この自己選択、自己決定がむずかしい場面が、私たちの日常や研修、交流会にもあります。人前で発言したり、意欲的に学ぶことはむずかしいものです。

　私たちの体に体力があるように、私たちの心にも「体力のようなもの」があり、心の体力が温かいと私たちは意欲的になって、自分の力を発揮しやすいのですが、冷えると意欲が低下して自分らしさを発揮できなくなります。

　心の体力を温めて、自分らしく生きていくことを「エンパワメント」といいます。エンパワメントな社会、職場、学校、地域社会など、私たちの所属するチームがエンパワーな集団であることは、とても大事です。

　心の体力はいろんなもので温まったり、冷めたりしますが、一番、大きな影響力をもつのは日常のコミュニケーションです。体の体力と同じで、今日一日、栄養価の高いものを食べればいいのではない。毎日三度のご飯が大事なように、日常の家族や友達、先生、同僚たちとのコミュニケーションの積み重ねが、心の体力を温めたり、冷やしたりします。

　逆に、心の体力が冷えると私たちは「自分らしく生きる」ことを放棄したくなります。パワーがあるときは暴言や暴力を繰り返し、パワーがないと声もあげないまま、見えない存在になっていきます。

　例えば研修の会場で暴言や強い否定的な態度に出る人は「心の体力が冷えていてパワーのある人」、講座が始まる前から机に突っ伏して寝てる人、来なくなってしまう人は「心の体力が冷えていてパワーのない人」と分析、翻訳します。

心の体力が冷えているときは、何かを一緒にしようとするとトラブルが増えるので、まずは温めることが先決です。エンパワーするしか方法はありません。

エンパワーな学びと交流の場をつくろう

エンパワーを日本語に翻訳するのはむずかしいのですが、似ている言葉として「応援する」「励ます」があります。でも、心の体力が冷えているときは励まされても素直に聞くことはむずかしいものです。逆に「本当に応援する気持ちがあるのか？」と愛情確認行動や承認欲求行動などの試し行動が増えて、ドンドン、場が荒れることもあります。

そこで大切になるのが「エンパワーの法則」です。
①まずは失敗ゼロにする
②小さな成功体験を積み重ねる
③大きな飛躍にチャレンジする

この法則で、研修や交流会をプログラムデザインします。

例えば、まずは近くのペアで「小さな対話」を積み重ねます。みんなの前でいきなり意見発表することは、大きなチャレンジだから失敗体験になりやすいですが、ペアでなら話せることはたくさんあります。いろんなペアで話せるようになったら、次は4人グループでのアクティビティにチャレンジしてみる。そこでも「大丈夫、やれそう」「楽しい」「ナルホド」「わかった」という小さな成功体験を積み重ねてから、大きな飛躍にチャレンジします。このプロセスをつくるのがファシリテーターの仕事です。

ファシリテーターになろう！

ファシリテーションは技術です。オープン・クエスチョンをはじめとするファシリテーターの技術は、練習すればするほど上手になります。技術だから、練習すれば、誰もがファシリテーターになれます。

そしてファシリテーターには揺らがない前提があります。それは、私たち一人ひとりは本来、力をもつ存在であるということです。熟練したファシリテーターはこれまでの経験でそのことをよく知っています。

一人ひとりが、本来もつ力を発揮することができる。そんなエンパワーな学びの場を育む具体的な技術＝ファシリテーションを一緒に練習しましょう。

資料②　チェックシート

研修の学びを高める 25 のチェックシート

　研修の企画者、講師のためのチェックシートです。ご活用ください。

- [ ] 1　研修は時間どおり始め、時間どおり終わります
- [ ] 2　冒頭、受講生にシンプルで明確なゴールを示しています
- [ ] 3　研修の参加人数は、適切に設計されています
- [ ] 4　事前に参加人数や受講生の特徴、ニーズを具体的に把握しています
- [ ] 5　研修の基礎情報（タイトル、目的、時間、内容など）は全員が知っています
- [ ] 6　快適な空間（清潔、空調、周囲の音など）と準備を心がけています
- [ ] 7　会場設営は、適切におこなっています
- [ ] 8　研修のテーマと内容が一致しています
- [ ] 9　研修レベルは、受講生のニーズに合っています
- [ ] 10　レジメやパワーポイントを読むだけではありません
- [ ] 11　単調にならず、受講生が参加できる場面展開を適切におこなっています
- [ ] 12　自分の成功体験、昔話、自慢ばかり話しません
- [ ] 13　受講生を批判しません
- [ ] 14　「こうあるべき論」や「偏った意見」の押し付けはしません
- [ ] 15　一方通行の講演でなく、受講生同士のなかに「学び合い」を育んでいます
- [ ] 16　課題提示だけでなく、具体的な解決方法があります
- [ ] 17　資料は適切に準備します（文字の大きさ、枚数、ページ番号など）
- [ ] 18　早口や小さな声ではしゃべりません
- [ ] 19　自信をもって、安定的に受講生の前に立っています
- [ ] 20　どこに「着陸」するのかが明確です
- [ ] 21　受講生がリラックスできる工夫をしています
- [ ] 22　参加者のモチベーションや文化に学び、寄り添いながら進めます
- [ ] 23　講座終了後には、アンケートをとり、受講生の声に学びます
- [ ] 24　予算と効果が一致しています
- [ ] 25　受講者も講師も、やってよかったと思える成長を感じる研修です

Ⓒ 株式会社ひとまち

実践編

実践例①

PTA 講座

テーマ　親子のコミュニケーションがうまくいくヒントとコツを学ぼう！
　　　　　──子育てにファシリテーション
対象　小学生保護者 60 人
時間　午前 10 時 30 分～正午（90 分）
ゴール　①参加者のなかに良好なコミュニケーションと学び合いの関係を育みます
　　　　②子育てに活かせる「ファシリテーション」を学び、楽しい子育てのヒントをもち帰ります
　　　　③以上を通じて、親と子が豊かに元気につながり合うことをめざします
会場　多目的室（椅子のみ使用）

プログラム（90 分）

　　　Act.1　（5 分）　講師自己紹介・ゴールとルール（失敗や間違い OK）の共有
　　　Act.2　（10 分）　ペア・コミュニケーション（32 ページ）
　　　Act.3　（5 分）　じゃんけんポイポイ（61 ページ）
　　　Act.4　（15 分）　ファシリテーションに関するレクチャー（62 ページ）
　　　Act.5　（5 分）　ハイタッチバリエーション（30 ページ）
　　　Act.6　（30 分）　私を語る 10 の言葉（38 ページ）
　　　Act.7　（10 分）　絵本の対話型読み聞かせ（46 ページ）
　　　Act.8　（10 分）　ふりかえりとまとめ

ポイント

● 会場設営

☐ 1　参加人数と会場の広さのバランスは、とても大切です。体育館やホールなどの大きな会場で、使っていない空間が広いと学びと交流の一体感が育まれにくいので、参加人数に見合った会場を選びます。

☐ 2　椅子は、参加予定人数と同じか、やや多めに配置します。足りなくなったら加えます。空席が目立つと残念な雰囲気が広がるので、ペア・コミュニケーションなどの間に、余っている椅子を静かに片付けます。

☐ 3　ペアやグループになりやすいように、椅子を 4 列に並べ、遅れてくる人や途中

で帰る人、小さなお子さん連れの参加を想定し、列の間に通路を設けます。

◉ プログラムデザイン

☐ 1　日頃、子育てに悩んだり、忙しくしている保護者がつながり合うことで、元気になること、子どもへの愛おしさを再確認することを大事にします。

☐ 2　ペア・コミュニケーションのテーマは、例えばこんなふうに進めます。
　　　①お昼ごはんのメニュー（まずは、簡単に話せることからスタート）
　　　②私のストレス発散法
　　　③私の子どもの良いところ、困ったところ
　ペアで話を聴き合うなかで、子育てに関する気づきや内省のきっかけになるテーマを選びます。①②③とペアを替えて、参加者の交流の機会を増やします。

☐ 3　このとき、ペアの相手が見つからず交代に時間がかかると、参加者の気持ちが冷えていきます。ホワイトボードに図と矢印を書いて可視化することでわかりやすい動線をインストラクションします。

エピソード

　「私を語る10の言葉」では、親としての「私」以外も含めて交流します。グループで聴き合う様子はとても楽しそうで、あちらこちらで笑い声が響き、身を乗り出して聴き入る姿が見られます。発表のあと、グループのメンバーにポジティブなフィードバックをもらい、褒められることの温かさを体感したうえで、あたりまえにできていることを評価することが、子どもの力を信じて引き出すコミュニケーションにつながることを伝えます。

　プログラムの最後は、絵本の力を借りて今日の学びを共有します。日頃、子どもに絵本を読み聞かせている人も、ときどきの人も、ほとんど読み聞かせしない人も、対話しながら読み聞かせをする心地よさを楽しみます。絵本に登場する子どもに自分の子どもを重ね、素直に子どもの気持ちに寄り添うことができるのが絵本の不思議な力です。絵本から何を感じるかは、聴き手にゆだね、ファシリテーターが感情移入しすぎないことを心がけます。

実践例②
子育て講座

テーマ　自分らしさ発見！　楽しくつながる子育て講座（全3回）
対象　地域の就学前の子育て中の母親16人（父親や祖父母もOK）
日時　毎週、火曜日の午前10時〜11時30分（12時退室）
ゴール　①来るのが楽しみな講座にします
　　　　②楽しいおしゃべりでつながる仲間を見つけます
　　　　③自分らしさを活かして、今後も互いに協力し合える関係をつくります
会場　最初は椅子のみ。書くときは机を出して4人グループになる

第1回プログラム（90分）

　　Act.1（10分）　ファシリテーター自己紹介
　　Act.2（10分）　ゴールとルールの共有
　　Act.3（5分）　じゃんけんポイポイ（間違ってもOKの共有）
　　Act.4（20分）　ペア・コミュニケーション（3分×3回）
　　Act.5（15分）　私を語る10の言葉（4人グループ）
　　Act.6（15分）　保健師からのミニレクチャー（ミニホワイトボードで質問）
　　Act.7（15分）　一人ひとこと　サークルになってふりかえり／次回告知
　　　　　　　　☆終了後30分は片付けをしながら自由におしゃべりタイム

第2回プログラム（90分）

　　Act.1（5分）　ファシリテーター自己紹介
　　Act.2（10分）　ペア・コミュニケーション（3分×2回）
　　Act.3（5分）　ハイ・イハ（イヤなときはイヤと言っても大丈夫の共有）
　　Act.4（20分）　4つのコーナー（意見発表と共有）
　　Act.5（30分）　子育てお悩み相談「先輩ママインタビュー」
　　　　　　　　（ミニホワイトボードで質問）
　　Act.6（15分）　絵本の対話型読み聞かせ『くっついた』（三浦太郎作、こぐま社）
　　Act.7（5分）　近くの人と2〜3人でふりかえり／次回告知
　　　　　　　　☆終了後30分は片付けをしながら自由におしゃべりタイム

第3回プログラム（90分）

  Act.1　（5分）　ファシリテーター自己紹介
  Act2　（5分）　ペア・コミュニケーション（3分×1回）
  Act.3（10分）　絵本の対話型読み聞かせ『おこだでませんように』（くすのきしげのり・作、石井聖岳・絵、小学館）
  Act.4（40分）　絵本ファシリテーターワークショップ
  Act.5（20分）　KP法「最近の私とコレからの私」をプレゼンテーション
  　　　　　　　（全員が発表を体験）
  Act.6（10分）　一人ひとこと　サークルふりかえり
  　　　　　　　☆終了後30分は片付けをしながら自由におしゃべりタイム

ポイント

☐ 1　保育付き講座にします。子どもから離れる解放感が何よりのアイスブレイクになります。

☐ 2　講座で温かい関係と具体的なコミュニケーションの技術を学ぶことで、お互いの強みを活かし合う関係づくりを促進します。

☐ 3　終了後30分のおしゃべりタイムは自由参加です。メールアドレスを交換したり、LINEでつながったり、そのままランチに出かけたり。プライベートな関係づくりの環境設定で、子育てを支援します。

エピソード

　「公園デビュー」という言葉があるように。子育てで一変した環境で新しい関係をつくるのは、なかなかパワーが必要です。近隣に頼れる人がいないと、子どもと閉塞した時間が続き、子育てのしんどさも倍増します。
　3回の講座では、子育て中の母親のなかにたまったストレスやパワーをアクティビティの力を借りて上手に引き出すことで、お互いの関係づくりを促進します。特に可視化してから意見交流をすることで参加のハードルを下げ、公平性を確保することが場の大きな安心感になります。
　講座中も講座後の自由時間も、おしゃべりが止まらない。自分のことを話せて聴いてくれる人がいて、一緒に笑ったり、怒ったりできる体験が、これからの子育てを大きく支えてくれます。

実践例③

高齢者介護　家族教室

テーマ　介護のヒントとコツを学ぼう
対象　高齢者を介護している家族、民生委員など20人
時間　13時〜14時半（90分）
ゴール　①参加者のなかに良好なコミュニケーションと学び合いの関係を育みます
　　　　②介護に関する知識や技術、介護者の健康管理について学びます
　　　　③介護者の相互交流と日頃のストレスの発散をめざします
　　　　④施設見学をして、利用可能な社会資源の具体的なイメージをもちます
　　　　⑤以上を通じて、高齢者と介護者が幸せに日常づくりに貢献します
会場　社会福祉施設や高齢者施設の研修室。スクール形式でスタート

プログラム

　　Act.1　（5分）　講師自己紹介・ゴールとルールの共有
　　Act.2（10分）　ペア・コミュニケーション（隣、前後　2回@4分）
　　Act.3　（5分）　講師より介護の経験談や介護アルアル話
　　Act.4（30分）　4つのコーナー（互いの介護の現状を共有）＆フリーディスカッション
　　Act.5（15分）　DVD鑑賞（介護や制度、施設などの紹介）
　　Act.6（10分）　ミニホワイトボードで質問コーナー
　　　　　　　　　☆事業所内でおこなう場合は、終了後、施設見学をします。

ポイント

●会場設営

☐1　介護者も高齢化しています。机を配置して、椅子に座り肘を置ける環境にすることで、身体的にラクな姿勢で参加できるようにします。

☐2　1つの机に2つの椅子とすることで、最初からペアになりやすい環境設定にします。最初は自由に席を選んでもらい、ペア・コミュニケーションの段階で座席移動を促します。

● **プログラムデザイン**

☐ 1　Act.3で経験談やアルアル話を共有することで、高齢介護にありがちな悩みはみんながもっていることを共有し、参加者が少しずつ自己開示しやすい環境をつくります。

　　例：認知症の症状や介護者のやりにくさについて
　　　　○一番よくお世話してくれる人に攻撃的になることがある
　　　　○たまに会う人には、しっかりと対応することもある
　　　　○お金を盗られたと言う。猜疑心が強くなることがある
　　　　○何度も同じことを繰り返し言うけど、ご本人にとっては毎回が「初めて」のことである
　　　　○息子や娘を他人に見立てることがある

☐ 2　「4つのコーナー」でお互いの経験や意見を交流すると、ほかにも同じ悩みをもつ人がいることがわかり、少し安心したりラクになります。

☐ 3　専門家や地域の社会資源を上手に活用して介護負担を減らすこと。また、気軽に相談機関を利用することなどを促します。

エピソード

　講座には、毎日の介護についてストレスや悩みをもつ人が集まります。最初は遠慮がちで、席も後ろのほうから埋まりますがそれもOKです。ペア・コミュニケーションの段階で「申し訳ありませんが、席を移動してペアになってください」と促します。奇数のときは職員がペアになるか、1組だけ3人になっていただきます。

　みんなの前では発言できなくても、ペアであれば話せることはたくさんあります。その後の「4つのコーナー」では、お互いの介護体験を出し合い、具体的にどんなニーズがあるのかを共有します。このとき、スタッフは少し遠くに引いて見ながら個別のニーズを把握し、講座後の声かけなどに活かします。

　「4つのコーナー」で介護体験を話すうちに、使いやすい装具や介護用品の情報交換などが進みます。社会資源を活用することへのハードルも下がります。そして、介護以外の話をすることも、とても大事な時間になります。

実践例④

高齢者の生涯学習

テーマ	地域について楽しく学ぶための「コミュニケーショントレーニング」
対象	高齢者50人
講座回数	全10回の講座の初回（5月〜12月）
時間	午前10時〜正午（120分）
ゴール	①参加者同士、参加者と運営ボランティアに良好なコミュニケーションと学び合う関係を育みます ②コミュニケーショントレーニングをして技術を身につけます ③以上を通じて、これから始まる連続講座を有意義にするための関係づくりやドキドキワクワクの期待感を育みます

プログラム

Act.1（10分）　講師自己紹介・ゴールとルールの共有
Act.2（5分）　じゃんけんポイポイ
Act.3（20分）　ペア・コミュニケーション
Act.4（10分）　コミュニケーショントレーニングのレクチャー
Act.5（25分）　私を語る10の言葉
Act.6（10分）　休憩（フリータイム）
Act.7（30分）　4つのコーナー
Act.8（10分）　ふりかえりとまとめ

ポイント

☐ 1　自分の地域の歴史や産業などを時間をかけて学ぶ連続講座の初回です。「ドキドキワクワク」感を大事にしながら、次回以降もさらに楽しみになるような良好なコミュニケーションを参加者の間に育みます。

☐ 2　たくさん話を聴いてもらいたいときにファシリテーターがアクティビティの時間をスパッと切ると「さえぎられた」と感じます。時間を告げるときには「終わりです」ではなく、「はい、そろそろ時間です。次の方にかわりましょう」のように柔らかくインストラクションします。

☐ 3　席を移動するときは、安全面に注意します。荷物や机でつまずかないように、

時間にも場所にも余裕をみておきます。

- [ ] 4 移動した人から着席すると空席を把握できます。「移動先がわからない」ことにならないように「近くの人に声をかけてあげてくださいね」とファシリテーターがインストラクションします。
- [ ] 5 グループのジェンダーバランスに気を配ります。男性ばかり、女性ばかりのグループができた場合は、男女共同参画を大切にすることを説明し、移動をお願いします。
- [ ] 6 「4つのコーナー」の話題設定は、「書きやすいこと」から始めます。ただし「お孫さんの名前」などにすると、「孫はいないから書けない」人が出てきます。私たちは、どうしていいかわからなくなると不安が高まり、心の体力が冷めてしまいます。誰もが公平に書け、少し人柄がわかる項目設定にします。
- [ ] 7 「4つのコーナー」に書いた用紙は回収し、ファシリテーターがいくつか内容を読み上げて共有します。「楽しみなこと」を共有すると参加者の心の体力が温まるだけでなく、主催者が参加者のニーズを端的に把握し、講座づくりのための情報収集にもなります。
- [ ] 8 「不安なこと」は、初回にできるかぎり解消します。回答やアドバイスは、卒業生である運営ボランティアが答えると一体感が高まり、運営側のモチベーションも上がります。また、「ちょっと先輩」である卒業生のアドバイスは親近感があり、納得しやすいものです。ピアな学びを育みます。
- [ ] 9 テンポとリズムを大事にしながら、全体の進行はゆったり、マイクを使ってわかりやすくインストラクションします。

エピソード

　人気のある講座は、何年にもわたって受講するベテラン参加者が多数いらっしゃいます。「仲間」に会えば、話に花が咲くこともあります。初めて参加した人も含めて、全体の波長をうまく合わせるため、簡単な手遊びなどを全員でおこなうことで、アイスブレイクをすると一体感が育まれます。じゃんけんやペアで話すことは、簡単で、公平で、効果的です。

実践例⑤
視覚障がい者婚活セミナー

テーマ　出会い、ふれあい、語り合おう！
　　　　　——普段の生活から少し離れて、お互いにじっくり語り合う
　　　　　　伴侶を見つけて、幸せになろう

対象　視覚障がい者10人（男女5人ずつ）

時間　1泊2日のセミナー合宿。最初の120分

ゴール　①豊かな対話を育むことで、自然に話せる雰囲気をつくります
　　　　②もっている日常の固定概念を少しはずしてみます
　　　　③一歩前に踏み出せる場づくりに寄与します

プログラム

　　Act.1（10分）　講師自己紹介・ゴールとルールの共有
　　Act.2（15分）　チェックイン　参加者自己紹介（名前＋ストレス解消法）
　　Act.3（25分）　ペア・コミュニケーション
　　Act.4（10分）　休憩（フリータイム）
　　Act.5（50分）　ミニゲーム
　　　　　　　　　①「す」のない世界
　　　　　　　　　②数字で感情表現
　　　　　　　　　③ホット・シーティング
　　Act.6（10分）　ふりかえりとまとめ

ポイント

☐1　婚活セミナーですから、多くの人と自然に話せる仕掛けをします。会社などで仕事をしている人と自宅で過ごす時間の長い人がいる場合は、コミュニケーションの「濃度」に差があります。ソロ➡ペア➡全体➡ペアとグループサイズを変えながら、参加者の「波長」が合うように心がけます。

☐2　「あなた」や「そちらの方」ではなく、名前を呼んで、誰のことがわかるようにします。参加者同士が良好なコミュニケーションをとるためにも名前を呼び合うのは大切です。

☐3　ファシリテーターは自己紹介のとき、名前の情報とともに服装などの目印を

チェックしてメモしておきます。インストラクションで視覚情報を可聴化することで、会場の全体情景を参加者と共有します。

- □ 4 早口になりがちな人には、適度に相づちや繰り返し、質問を入れます。「そうなんですか」「というと、どんなイメージですか？」など、オープン・クエスチョンで具体的な情景を共有し、リラックスした雰囲気をつくります。
- □ 5 席の移動は、参加者の力を借ります。全盲、弱視、視野狭窄（きょうさく）など視覚障がい者の介護ニーズは多様です。移動の際は、動きやすいようにお互いの協力を募ります。
- □ 6 一歩踏み出してこの場に参加した強みをエンパワーします。また笑顔などの視覚情報や、ポジティブなフィードバックを多めに可聴化します。

エピソード

　ペアで話すときも肩をトントンと触れてから、「こちら側の○○さんと話してください」のように触覚を使って合図を送ると効果的です。ただし体に触れられることを不快に思う人もいるので、「触れてもいいですか」のひとことを忘れないようにします。

　また、休憩中などに飲み物を渡す際にも、肩をトントンと触れ、同じ方向から渡すようにします。「熱いです」「冷たいです」など、飲み物の状態も可聴化して説明します。

　ファシリテーションはもともとユニバーサルデザインの設計が得意なので、全体的には、可聴化することを増やすことで、プログラムを大幅に変える必要なく進行します。

実践例⑥
企業の事例①

テーマ 聴き上手になって情報共有スキルを高めよう
　　　　──顧客のニーズをキャッチする技術を磨く
対象 お客様とやりとりをする社員60人
時間 90分
ゴール ①良好なコミュニケーションと学び合う関係を育みます
　　　　②オープン・クエスチョンをはじめとする質問の技術を練習します
　　　　③以上を通じて、顧客のニーズを効率的、効果的にキャッチして、顧客満足度や職場満足度を高めます

プログラム

Act.1（10分）　講師自己紹介・ゴールの説明
Act.2（5分）　ペア・コミュニケーション
Act.3（10分）　オープン・クエスチョン、価値のインストラクションと説明
Act.4（10分）　モデルと練習2回（第4階層の情景共有をめざす）
Act.5（20分）　ペアで聴きながら書く練習（ミニホワイトボード）
　　　　　　　〇発散　どんな家に住みたいですか？（2分）
　　　　　　　〇収束　そのなかでも一番、大事にしたいこと（1分）
　　　　　　　〇活用　設計士に伝えてほしいこと（1分）
　　　　　　聴き役が読んでフィードバックを返したらタッチ交代！
Act.6（30分）　お悩み相談（A3用紙と黒、赤、青の3色ボールペン）
　　　　　　　〇発散　最近、悩んでいること（7分）
　　　　　　　〇収束　一番、困っていること（1分）
　　　　　　　〇活用　どうしたい？　どうなったらいい？（1分）
　　　　　　聴き役が読んでフィードバックしたあとにアドバイス（6分）
　　　　　　交代で練習
Act.7（5分）　ふりかえりとまとめ

ポイント

☐ 1 ペアで活動します。スクール形式で１つの机に２人ずつ座ります。

☐ 2 「質問の技カード」（14 ページ）を見ながら、オープン・クエスチョンの練習をします。簡単なように見えますが、練習を繰り返さないと身につきません。意識して使ううちに、日常会話に活かせます。研修をきっかけに練習を繰り返しましょう。この日は上手にできなくても OK です。

☐ 3 オープン・クエスチョンを挟む間もないまま、顧客や相談者が話をすることもあります。そのときは、ただただ、ひたすら書いて相手の話を受け止めます。書くことは、意見を受け止めることと同義です。

☐ 4 ホワイトボード・ミーティングの手法である「発散➡収束➡活用」のサイクルで、相談者が伝えたいことを的確にキャッチします。

☐ 5 最初にモデルを示しましょう。具体的なモデルを示すことで、参加者もどうすればよいのかをイメージできます。最初の１分程度で OK です。

（参考：ちょんせいこ『元気になる会議―ホワイトボード・ミーティングのすすめ方』78 ページ）

エピソード

　社員には専門知識と経験があります。そのため、つい顧客のニーズを先取りして、要望や疑問を十分に聴かないまま、商品やサービスを提案しがちです。でも、大事なことは顧客が自分で選択したと納得できるプロセスをつくることです。ここが十分でないと、顧客の同意を得て話を進めたのに、あとから齟齬がおこりトラブルになります。

　研修では、ペアで顧客と社員の役割になって話を聴く練習をします。「ちゃんと話を聴きましょう」という理念ではなく、具体的に「質問の技カード」を見ながら、オープン・クエスチョンで話を深めていくうちに、「そうなんですかあ」「ナルホド」という相づちの言葉も自然と生まれ、関係が親密になります。言葉を要約せず、そのまま書いて受け止めることで、顧客役も安心して話すことができます。ちゃんと話を聴いてもらえたあとは、社員からのアドバイスも受け止めやすくなり、的確な選択肢を示しやすくなります。

　顧客の話をさえぎって「自分の脈絡」で話し始めてしまう人も、愚直な練習を繰り返すと、だんだんと聴き上手な社員に成長します。

実践例⑦
企業の事例②

テーマ セクハラ、パワハラのない職場をめざして
対象 企業の階層別研修や企業団体の集合研修などの参加者100人程度
時間 13時〜14時30分（90分）
ゴール ①参加者に良好なコミュニケーションと学び合いの関係を育みます
　　　　②セクハラやパワハラについて基本的な知識を学びます
　　　　③以上を通じて、誰にとっても働きやすい職場環境の醸成に寄与します
会場 多目的室（椅子のみ使用）

プログラム

　　Act.1　（5分）　講師自己紹介・ゴールとルールの共有
　　Act.2　（10分）　ペア・コミュニケーション
　　Act.3　（20分）　架空の事例について4人グループで対話
　　Act.4　（20分）　ビデオ視聴
　　Act.5　（10分）　ビデオの感想を4人グループで対話
　　Act.6　（10分）　新聞記事で判例紹介と説明
　　Act.7　（5分）　ハイ・イハ（60ページ参照）
　　Act.8　（10分）　ふりかえりと日頃からのポイント

会場設営

☐ 1　1つの机に2人ずつ座ると、ペア・コミュニケーションをするときに動線が明確で取り組みやすくなります。また、前列になる人がクルリと後ろを向いて4人グループをつくることも容易になります。

☐ 2　最初にペアやグループでの対話をしておくことで、ビデオ視聴へのプロセスをつくります。日頃、セクハラやパワハラについて考えていることを近くの人と話すことで、ビデオをグッと引き寄せて見ることができます。

☐ 3　厳しい内容のテーマですが、近くの人と話すことで少しラクになって考えることができます。柔軟な気持ちと思考で学びます。

プログラムデザイン

☐ 1 忙しい業務時間をさいての研修です。お昼休み後は、お腹も満腹なので、ついつい眠たくなる環境でもあります。早い段階で、ペア・コミュニケーションを入れることで緊張と緩和のプロセスをつくります。

☐ 2 覚えておくべき基礎知識については、ビデオと新聞記事でカバーします。すべてを一度に覚えるわけではないですが、近くの人と対話することで、より思考が深まります。

☐ 3 最後に「ハイ・イハ」に取り組み、以下のようにインストラクションします。

「ハイ・イハ」の価値のインストラクション

　このアクティビティでは、必ず「手を重ねてもいいですか」と聞きます。OKであれば手を直接、重ねます。NGであれば手を浮かして重ねます。

　私たちのなかには、人とふれあうことが苦手な人もいます。だから「手を重ねてもいいですか」と聞いてもらえると安心です。でも、苦手でない人にとっては、手を重ねるのを断られると「自分は嫌われているのか」と残念な気持ちになることもあります。

　でも、嫌いではなく、シンプルにスキンシップが苦手なだけなので、ガッカリする必要はありません。私たちの感じ方は、一人ひとり違うのです。

　セクハラやパワハラも「私はイヤでないから、これくらいはOK」と思いがちです。しかし、大切なのは「相手がどう感じているか」です。このアクティビティのように、相手の気持ちを尋ねることができるコミュニケーションを職場のなかで大切にしていきましょう。

エピソード

　多いときは600人規模の研修もありますが、隣の人とペアで話し合うときは、みなさんドンドン話をされます。話しにくそうなときは「じゃんけんをして勝った人から話し始める」だけでもハードルは下がります。近くの人と、日頃、感じていることを対話することで、学びの吸収力が高まる様子が印象的です。

実践例⑧
地域活動

- **テーマ** 地域のこれからを考えよう！
- **対象** 自治会や子ども会などの役員
- **人数** 30人
- **時間** 午前10時30分〜正午（90分）
- **ゴール** ①参加者のなかに良好なコミュニケーションと学び合いの関係を育みます
  ②地域の強みや課題を明確にします
  ③みんなが幸せに暮らせる地域づくりのために、将来ビジョンを考えます

プログラム

Act.1　（5分）　講師自己紹介・ゴールとルールの共有
Act.2（10分）　ペア・コミュニケーション
Act.3（30分）　4つのコーナー（地域の強みや課題、互いの活動などを共有）
　　　　　　　＆フリーディスカッション
Act.4（20分）　講話「地域活動の進め方〜先進事例に学ぶ」
Act.5（15分）　ミニホワイトボードで感想＆質問コーナー
Act.6（10分）　ミニホワイトボードに書こう
　　　　　　　①子どもたちに、どんな地域を渡したいか
　　　　　　　②そのための具体的な行動を2つ

ポイント

☐1　発言のバランスを整え、お互いの活動や地域への思いを共有するために、最初に「4つのコーナー」に取り組みます。近くに住んでいても、意外と知らないこともあり、情報共有するだけで好転することもあります。

☐2　講話は身近な先進事例に学びます。「チョット工夫すればできそう」と思える先進事例がオススメです。人口や産業を含め、地域事情と重ね合わせて考えやすいことも大切です。

☐3　地域課題を出し合うことも大事ですが、それ以上に大切なことは地域の強みを再確認することです。普通にしていることも、実はほかの地域から見ると大きな強みになることもあります。できていること、普通にやれていることを大事

に共有しましょう。
- [ ] 4 子どもたちに、どんな地域を渡したいかを考えて共有することで、具体的な将来ビジョンを焦点化します。10年後のために、今、何ができるのか。毎年、何を積み重ねていくのか。変わらずに続ける固定的ビジョン、変わることで新しい価値を創造する変動的ビジョンの2つの視点で考えます。

エピソード

　地域活動に携わる人が集まって、楽しく互いの活動状況を交流するだけでも、何かあったときに声がかけやすくなり地域力は向上します。でもこの関係は、自然発生しません。また、年代差があると、言葉も通じにくくなります。ファシリテーションで安心、安全の場を確保すると、誰もが和やかに地域活動について話せることが特長です。

　講話では、複雑化、困難化する地域課題への具体的な対応について学びます。地域住民の見守りや声かけ、日頃のおつきあいがあるからこそできること。また、専門家や支援機関、事業所などの力を得て解決することなどが明確になると、負担感が軽減して気持ちもラクになります。

　少子高齢化は進みますが、10年後の子どもたちにどんな地域を渡したいのかをみんなで考える時間は、とても温かく、そのためにムリなくできることを共有します。最後にはミニホワイトボードを前に貼り出して、ファシリテーターがいくつかを読み上げると、笑いやうなずきの声が会場にあふれます。このような積み重ねが、地域の緩やかでしなやかなネットワークを育んでいきます。

ファシリテーター 10 か条

第1条　ファシリテーションは技術です。繰り返し練習するほど上手になります

第2条　ファシリテーターの仕事は環境構成。主役は参加者です。自分ががんばるのではなく、参加者が力を出せる場づくりやプロセスをつくります

第3条　参加者のなかに良好なコミュニケーションを育みます

第4条　参加者の声に学びます。その声を活かして一緒に成長します

第5条　ゴールとエンドユーザー（最終利益享受者）を共有しながら、進めます

第6条　何でも自分でやらない。みんなの力を上手に借りて、みんなが活躍する場面をつくります

第7条　がんばらない。あきらめない。知恵と工夫で勝負します

第8条　自分の強みを知り、ドキドキワクワクのチャレンジを続けます

第9条　しんどいときは休憩します

第10条　私たちには力があることを知っています

Ⓒ 株式会社ひとまち

おわりに

　プロのファシリテーターとして活動を始めて10年以上がたちました。
　当初は、「そんな変わったコト」と言われ続けましたが、現在は、関連書籍もたくさん発行され、多彩な講座が開かれています。ファシリテーターに対する認知はずいぶんと進み、対話型学習も広がってきました。
　でもまだまだです。まだまだ無策で残念な交流会や学びの場がたくさんあります。ファシリテーションの普及は、これからが本番です。
　「うちのメンバーはホントに意見を言わないんです」
　「みんなの意識が低くて、大変です」
　たくさんの厳しい現場に立ってきましたが、本書に紹介したアクティビティやプログラムデザインで進めると「まるで魔法のように、みんながイキイキと話し始めて驚いた」というフィードバックをよくいただきます。
　でもこれは、魔法ではなくファシリテーションという技術です。そして、適切なプロセスと環境構成をすれば、誰もがファシリテーターになれます。
　本書で紹介したアクティビティは、領域や年代を超えて汎用性が高い標準フォーマットとして機能します。ぜひ、練習を積み重ねて、一緒にファシリテーターになりましょう。
　今回、繰り返し講座に参加し、技術を磨き、現在、ファシリテーターとして各方面で活躍されている西村善美さん、松井一恵さんと一緒に本書に取り組めたことを心からうれしく思います。イラストのながたちささんにも感謝です。私たちは、「元気になる会議」の進行技術、ホワイトボード・ミーティング（WBM）のトレーナーでもあります。みなさん、ぜひ、WBMも学んでください。さらに前へと進めます。
　6つのファシリテーションの技術は、信頼ベースの学級ファシリテーションを一緒に提案する岩瀬直樹さんと標準化しました。岩瀬さん、写真に登場してくださったみなさん、レイアウトと撮影の伊原秀夫さん、編集の加藤登美子さんに、心から感謝です。ありがとうございました。

　これからもファシリテーターの養成に取り組みます。よろしくお願いします。

　　2014年3月10日　　　　　　　　　　　　　　　　　　　　　　　ちょんせいこ

ちょん せいこ

ファシリテーター養成師。株式会社ひとまち代表取締役。
大阪府在住。障がい者の作業所職員、NPO職員を経てファシリテーターになる。ホワイトボード・ミーティングを提唱し、主に会議や研修、事業推進におけるファシリテーター養成に取り組む。トレーニングには、ボランティア、NPO、自治体、システムエンジニア、ビジネスコンサルタントなど、多様な人が集まる。教育現場でも公開授業や研修を進めている。
主な著書に『人やまちが元気になるファシリテーター入門講座─17日で学ぶスキルとマインド』『元気になる会議─ホワイトボード・ミーティングのすすめ方』、『よくわかる学級ファシリテーション』シリーズ4冊(いずれも解放出版社)、『話し合い活動ステップアッププラン』(小学館)などがある。
http://wbmf.info/

西村 善美（にしむら よしみ）

ファシリテーター養成師。株式会社ひとまち。ホワイトボード・ミーティングトレーナー。
良好なコミュニケーションを育み、研修や会議が効果的になることで、笑顔が広がる現場づくりを進めている。

松井 一恵（まつい かずえ）

ホワイトボード・ミーティングトレーナー。特定社会保険労務士。ファイナンシャルプランナー。
社会教育にファシリテーションを取り入れ、豊かなコミュニケーションやチームワークを育む学びの場づくりを進めている。

ファシリテーターになろう！
──6つの技術と10のアクティビティ

2014年5月15日　初版第1刷発行

著　者　ちょんせいこ　西村善美　松井一恵
発　行　株式会社 解放出版社
　　　　552-0001 大阪市港区波除4-1-37　HRCビル3F
　　　　TEL 06-6581-8542　FAX 06-6581-8552
　　　　東京営業所　千代田区神田神保町2-23　アセンド神保町3F
　　　　TEL 03-5213-4771　FAX 03-3230-1600
　　　　振替 00900-4-75417　ホームページ http://kaihou-s.com
印刷・製本　モリモト印刷株式会社

定価はカバーに表示しております。落丁・乱丁おとりかえします。
ISBN 978-4-7592-2347-7　NDC 360　83P　26cm

解放出版社の本

元気になる会議
ホワイトボード・ミーティングのすすめ方
ちょんせいこ 著

Ａ５判・142頁　定価1600円＋税　ISBN978-4-7592-2345-3

安心して発言できる、成果があがる、メンバー同士で聴き合う元気な会議にするためには何が必要か。ホワイトボード・ミーティングを中心にファシリテーターに必要なスキルとマインドを多くの具体例と写真・イラストで学ぶ入門書

■もくじ
はじめに——ホワイトボード・ミーティングで「元気になる会議」を始めよう！
会議を始める前に　1 ファシリテーションの基礎
会議を始める前に　2 「心の体力」を温めるコミュニケーション
会議を始める前に　3 チェックシートでわかる傾向と対策
やってみよう！　ホワイトボード・ミーティング
ホワイトボード・ミーティングの進め方
　　練習問題①親睦旅行の行き先を決める
　　練習問題②朝会議…超簡単！　情報共有会議をしよう
　　練習問題③役割分担会議…経験値、暗黙値を標準化する
　　練習問題④企画会議…幸せプランでわかる企画会議の基礎
　　練習問題⑤相談の進め方
　　練習問題⑥ケース会議の進め方…チームの支援力を高める
ファシリテーションのコツ　Ｑ＆Ａ——よくある質問に答えます
スコア（記録）の作り方
会議の構造化をはかる
おわりに

人やまちが元気になるファシリテーター入門講座
17日で学ぶスキルとマインド
ちょんせいこ 著

Ａ５判・147頁　定価1500円＋税　ISBN978-4-7592-2338-5

受けてよかったと思える研修や一人ひとりの意見が反映される有意義な会議にするために、進行役であるファシリテーターに必要な智恵と工夫と実践が満載。みんなの力を引き出し、人間関係を豊かにしてくれる17日間の基礎講座。

学校が元気になるファシリテーター入門講座
15日で学ぶスキルとマインド
ちょんせいこ 著

Ａ５判・190頁　定価1700円＋税　ISBN978-4-7592-2142-8

教職員が連携しチーム力を高める学校経営、子どもの育ちや成長を支える学級経営。この2つに有効なファシリテーションのスキルを、学校現場をよく知る著者が具体的に提案する。好評既刊のファシリテーター入門講座・学校編。

『よくわかる学級ファシリテーション』シリーズ

よくわかる学級ファシリテーション①
かかわりスキル編
岩瀬直樹・ちょんせいこ著
Ａ５判・178頁（カラー４頁）　定価1900円＋税　ISBN978-4-7592-2147-3
学級崩壊にならないために教師が子どもたちを信頼して力を引き出し、共に最高のクラスをつくるため必要なファシリテーション力。学級経営に悩む人に効果的・具体的スキルを紹介するシリーズ１冊目。

よくわかる学級ファシリテーション②
子どもホワイトボード・ミーティング編
岩瀬直樹・ちょんせいこ著
Ａ５判・134頁（カラー４頁）　定価1700円＋税　ISBN978-4-7592-2148-0
子どもたちがファシリテーターになり、教室の中に良好なコミュニケーションや「読む、聴く、話す」文化を育む授業や学級活動に必須の入門書。小学校４、５年生から読める。信頼ベースのクラスをつくるシリーズ２冊目。

よくわかる学級ファシリテーション③
授業編
岩瀬直樹・ちょんせいこ著
Ａ５判・320頁（カラー８頁）　定価2200円＋税　ISBN978-4-7592-2154-1
教師も子どももファシリテーターとなるクラスではお互いの信頼に支えられ授業をつくっていく。第１〜第５までのステップに分け、小学校国語をはじめ、社会、理科、算数など著者のほか各地の授業事例を紹介しながら提案する。

よくわかる学級ファシリテーション・テキスト
ホワイトボードケース会議編
岩瀬直樹・ちょんせいこ著
Ｂ５判・103頁（カラー８頁）　定価1500円＋税　ISBN978-4-7592-2152-7
授業中にたち歩く、子ども同士のケンカが絶えない、教師はついつい怒ってばかり。そんな多くの「困った事例」を解決するホワイトボードを使ったケース会議を提案する。イラストを多様して楽しく練習を積めるよう工夫したテキスト。